從零開始

學習世界史

福田智弘 著
塩浦信太郎 繪

2小時讀懂的
插畫圖解

楓樹林

❖前言……

輕鬆閱讀，開心遊歷「世界史」！

在世界各地四處征戰的**拿破崙**和成吉思汗，走向悲慘結局的瑪麗・安東妮和聖女貞德，華麗的**古羅馬**城市，以及在群雄割據時代**三國**中登場的強者。世界史中，有許多讓我們內心熱血沸騰的人物、城市或事件。

然而，對如此豐富的「世界史」感興趣的同時……

「閱讀全是文字的歷史書，實在太難了。」

「漫畫很好理解，但要連看好多集，感覺很累。」

有這種想法的人出乎意料地多。

讓各位久等了！我為大家準備了一本書，**只要閱讀就能輕鬆理解，快樂學習世界史！**《從零開始學習世界史：2小時讀懂的插畫圖解》在此登場！

本書涵蓋**人類起源到現代**的世界史，主要分為85個項目，**全部以圖解的方式說明**。只要翻閱內容，就能輕鬆理解時代氛圍，或是發生過哪些事件。

尤其跨頁正中央附有**一格象徵該時代的插圖**，其特色是能讓讀者一看插圖，就感受到時代氛圍。想更詳細瞭解歷史背景的人，請閱讀周圍的**歷史流變圖解**區塊。除此之外，最終章還有年表和文章解說。

只要一本書，閱讀85個項目，就能透過「超圖解」形式，體會延續數千年、數萬年世界史的樂趣！

這本書就是基於「如果學生時代能讀到這本好書，一定會讀得更開心」的想法而誕生的。書中安排了令人身歷其境的插圖，彷彿眼前正在上演歷史事件。為了讓讀者理解時代為何如此變化，學習「歷史的流變」，我與所有工作人員一同傾注全力，投入編輯與製作。

各位讀者可以從前言開始閱讀，也可以直接閱讀感興趣的章節。翻開這本書，一同踏上穿越世界史的旅程吧！

福田智弘

目錄

《第1章》世界誕生的過程 世界史的「開端」

《第2章》帝國的興衰更迭「擴張」的世界史

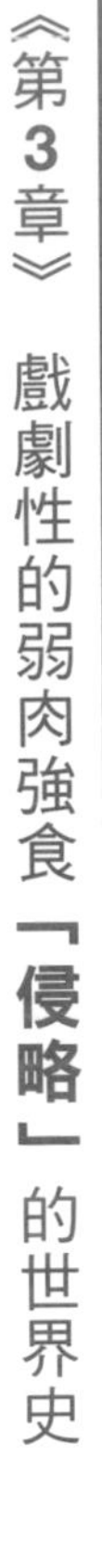

《第3章》 戲劇性的弱肉強食「侵略」的世界史

《第4章》大戰後的教訓 「混亂」的世界史

《終章》〈統整〉與〈年表〉全覽「綜觀」世界史

【本書的閱讀方式】

◉本書的基本架構（閱讀順序）介紹。

〈例〉

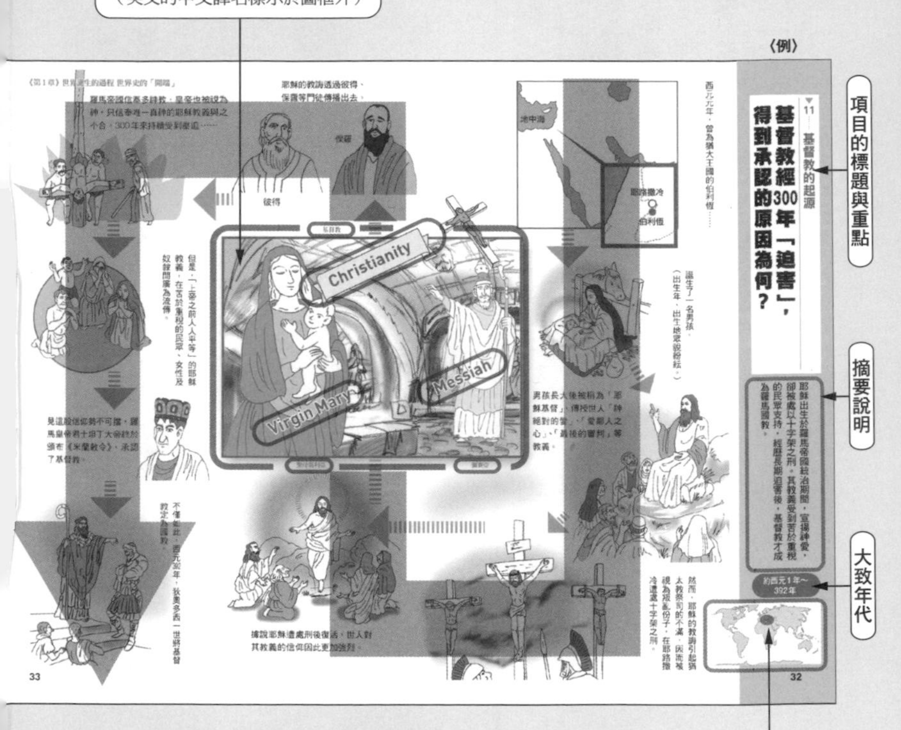

▲請先閱讀中間的插圖，再依照粗箭頭的順序閱讀，即可一目瞭然世界史的變化（有些頁數會刻意改變閱讀順序）。接下來，就讓我們一起踏上愉快的「世界史之旅」吧！

《第1章》

世界誕生的過程 世界史的「開端」

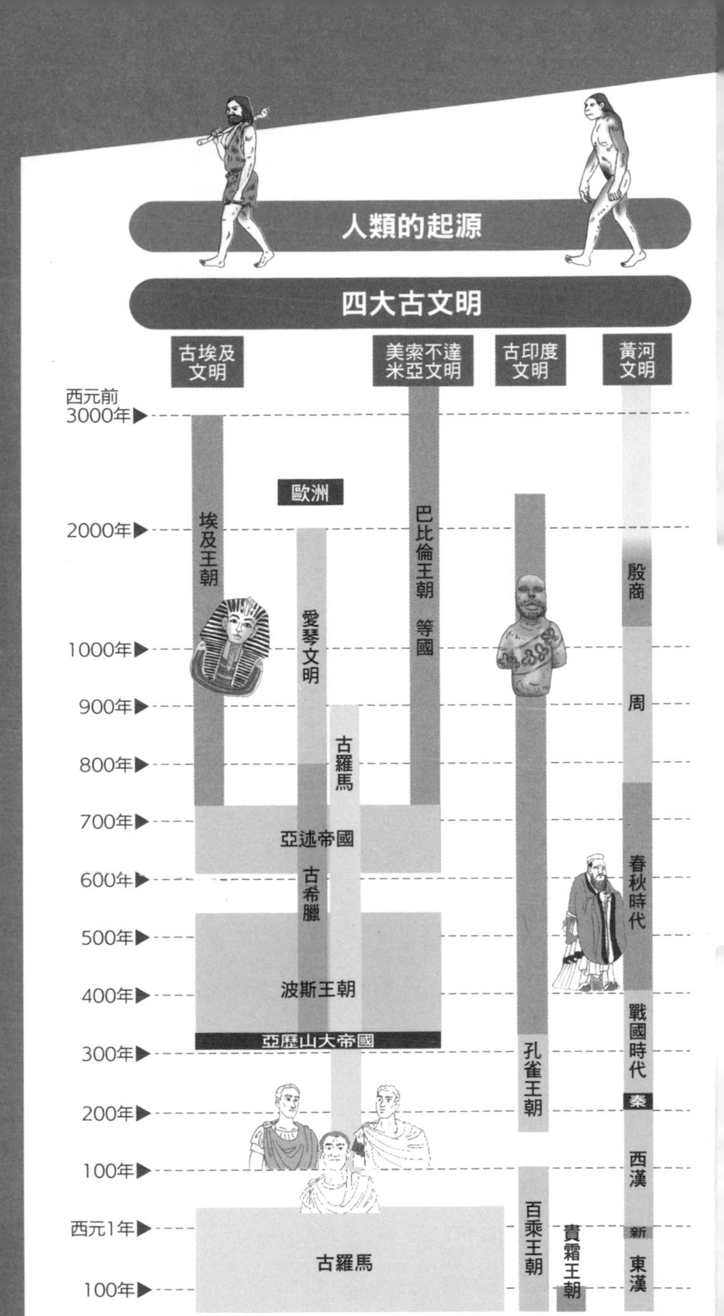

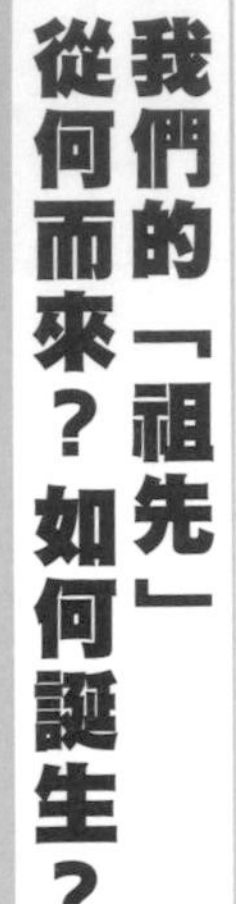

01……人類的起源

我們的「祖先」從何而來？如何誕生？

人類大約在450萬年前的非洲誕生。歷經「南方古猿」等猿人、「爪哇人」等直立人、「尼安德塔人」等早期智人，演化成「克羅馬儂人」等智人。

約450萬年前～

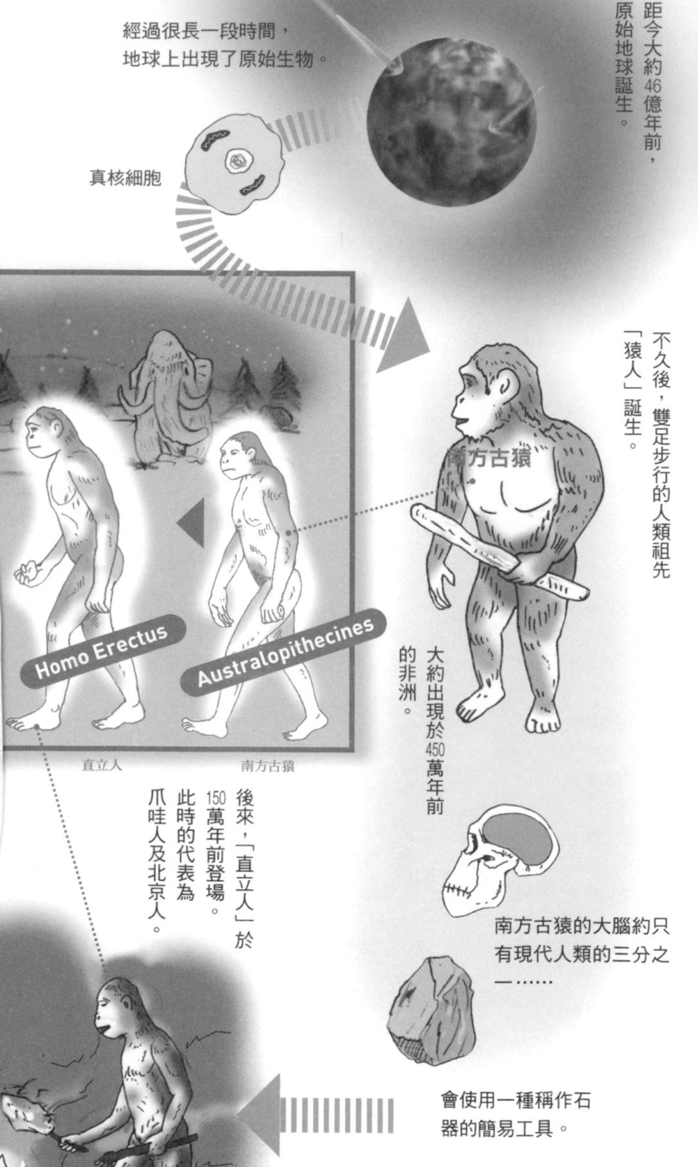

距今大約46億年前，原始地球誕生。
經過很長一段時間，地球上出現了原始生物。
真核細胞
不久後，雙足步行的人類祖先「猿人」誕生。
南方古猿
大約出現於450萬年前的非洲。
Homo Erectus
Australopithecines
直立人
南方古猿
後來，「直立人」於150萬年前登場。此時的代表為爪哇人及北京人。
南方古猿的大腦約只有現代人類的三分之一……
會使用一種稱作石器的簡易工具。

大約20萬年前，尼安德塔人等「早期智人」出現。
早期智人
早期智人的大腦有的與現代人差不多，有的稍大。
盛行埋葬死者之類的精神文化。
約3萬年前，與我們有直接關係的祖先「智人」登場。此時的代表為克羅馬儂人。
Homo Sapiens
Archaic Humans
智人
早期智人
智人
直立人的大腦約是現代人的三分之二。
智人會穿衣服、使用道具，留下了繪畫或石像等文物，足跡遍布全世界，建立豐富的文明。
直立人
會用火，
以語言進行溝通。

▼02……四大古文明

為什麼世界古文明都起源於「大河流域」附近？

遠古時代的人歷經狩獵、採集到原始農業的生活，逐漸轉而使用灌溉設施等大規模建設。適合灌溉農業等活動的大河流域興起文明，同時孕育出強盛的國家。

約西元前3500年～

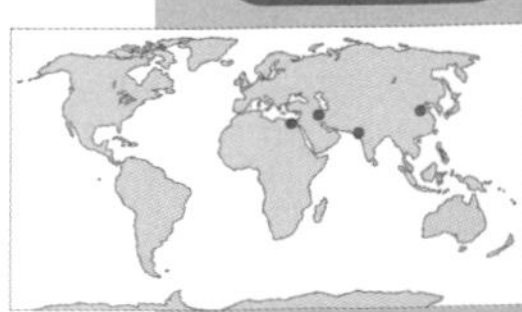

遠古時代的人以狩獵或採集的方式取得食物。

冰河時期結束，從距今9000年前開始採行農耕、畜牧。

當時的農業仰賴降雨等大自然的力量……

建造灌溉設施後，便能展開穩定的大規模農業活動。

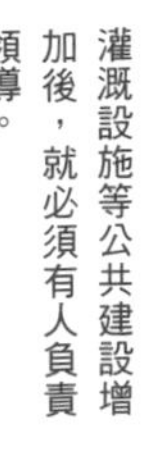

灌溉設施等公共建設增加後，就必須有人負責領導。

後來形成都市或國家，並出現階級，統治者（君王）隨之誕生。

都市或國家的發展擴大，鄰國之間不時爆發戰爭。

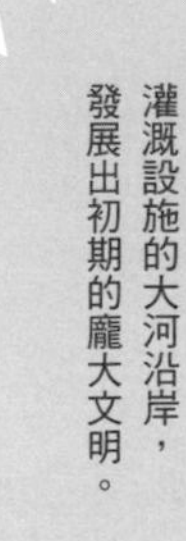

於是容易建造灌溉設施的大河沿岸，發展出初期的龐大文明。

戰勝鄰國，便能逐步壯大文明。

03……美索不達米亞文明

為何美索不達米亞並未成立「大型國家」？

美索不達米亞文明在底格里斯河和幼發拉底河興起。漢摩拉比王以《漢摩拉比法典》而聞名，掌管古巴比倫第一王朝。雖繁盛一時，後來卻戰爭不斷。

約西元前3500年前～

美索不達米亞地區位於阿拉伯半島的前端，蘇美人在此建立了最古老的文明。

出現數個小國家（城邦），建造神殿等建設。

蘇美人使用楔形文字，並發展出六十進位法、太陰曆等優秀文明……

美索不達米亞

然而，蘇美城邦持續發生戰爭，因此未形成大型國家。

蘇美人於西元前24世紀遭阿卡德人消滅……

阿卡德人曾暫時統一國家，卻在短時間內滅亡。後來亞摩利人建立古巴比倫第一王朝（舊巴比倫帝國），統一美索不達米亞全境。

第六代國王漢摩拉比在位期間，大約是西元前18世紀的時候。

漢摩拉比

漢摩拉比王頒布《漢摩拉比法典》的事蹟為人熟知，「以眼還眼」是其中的知名條文。

記載《漢摩拉比法典》的石碑。

背面有法條。

後來，大約西元前17世紀，古巴比倫第一王朝被使用鐵製武器的西臺人消滅。

然而，西臺人又被「海民」消滅……

黑海

美索不達米亞地區混亂不止。

04……古埃及文明

「金字塔」有什麼意義？

古埃及文明在北非蓬勃發展。正如「埃及是尼羅河的贈禮」此一描述，在尼羅河的恩惠下，埃及建立起龐大且統一的國家。金字塔等遺跡，正是巨大王權的象徵。

約西元前3000年前～

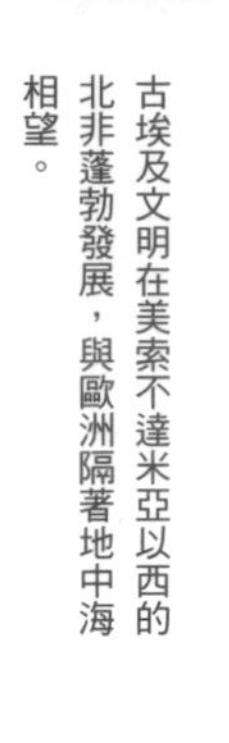

古埃及文明在美索不達米亞以西的北非蓬勃發展，與歐洲隔著地中海相望。

古埃及文明興起於尼羅河流域。大河川帶來肥沃土地的同時，也需要龐大的力量治水，因此得以發展出巨大的國家權力。

金字塔

大約在西元前3000年，美尼斯王統一尼羅河上下流域（上下埃及），建立完整國家。

美尼斯王

其後，雖然歷經改朝換代、外族入侵，但埃及不同於長期戰爭的美索不達米亞文明，基本上持續著國家統一的狀態。

埃及古王國以北方的孟菲斯
為中心發展。古夫王建造了
巨大的金字塔。
古埃及的君王
稱作「法老」。
法老王
Pharaoh
Sphinx
斯芬克斯
中王國時期，政治中心遷往南方的
底比斯，以繼續擴張勢力範圍……
但不久後，被遊牧民族西克索人消滅。
驅逐西克索人後，
埃及迎來繁盛的新王國時期。
新王國的首都搬遷至
阿瑪納，發展出高度
文明。
阿瑪納藝術風格代表作
《娜芙蒂蒂胸像》。
埃及的王國大致分為「古王國」、「中王國」、
「新王國」三個時期，勢力範圍逐漸擴大。
地中海
古王國區域
中王國區域
新王國區域
尼羅河
紅海

▼05……統一近東

何人統一美索不達米亞與埃及等「近東」之地？

包括美索不達米亞和埃及在內的區域，被稱為「近東」之地。許多民族和國家在此地興衰更迭，直至西元前7世紀，終於迎來統一的時代。

西元前2000年～西元前500年

美索不達米亞和埃及之間的區域，也曾有民族和國家發展。

黑海

地中海以東的地區，腓尼基人進行特產木材（黎巴嫩雪松）的交易，蓬勃發展。

腓尼基

所羅門王時代的希伯來王國

以色列王國

猶大王國

在歐洲，美索不達米亞、埃及、以色列等地被稱為「Orient」，意思是「東方」。

近東

腓尼基人的據點南方是巴勒斯坦，希伯來人（以色列人、猶太人）在此定居並成立王國。

所羅門王

王國大約在西元前10世紀的大衛王、所羅門王時期最昌盛，而後分裂為以色列王國及猶大王國。

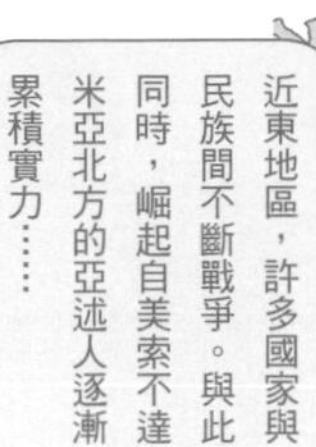

亞述人征服各地，並於西元前7世紀統一近東。

然而，亞述的高壓統治引起其他民族叛亂，於西元前612年毀滅、分裂。

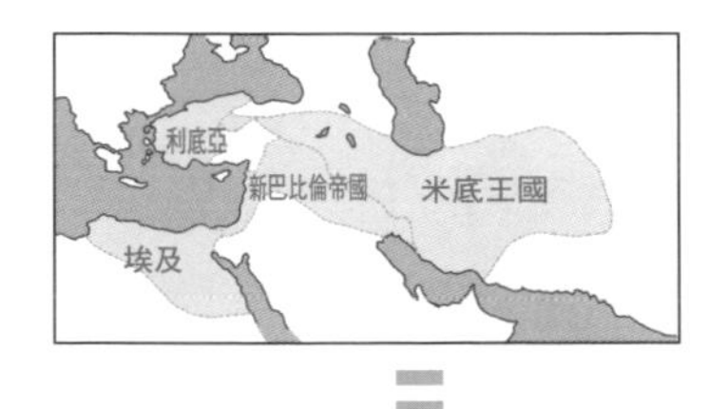

後來，伊朗（波斯）的阿契美尼德王朝（波斯帝國）勢力壯大。西元前6世紀，大流士一世統治時期，建立了橫跨埃及到印度的大帝國。

大流士一世

巴比倫塔

Tower of Babel

Phoenicia

腓尼基

希伯來王國信仰猶太教，《舊約聖經》誕生。

06……古希臘文明

美好的「希臘城邦」如何形成？

地中海以北的愛琴海一帶也孕育出古文明。繼邁諾安文明、邁錫尼文明等愛琴文明之後，大約西元前8世紀，出現了以城邦為中心的出色文明。

約西元前2000年～西元前400年

近東民族及國家興衰更迭的時期，地中海對岸的古希臘文明正蓬勃發展。

最初的邁諾安文明發生在克里特島。晚於近東文明，直至西元前2000年左右才興起。

大約西元前16世紀開始，希臘本土出現小國家，建立起「邁錫尼文明」。

然而，建立邁錫尼文明的各王國在西元前1200年突然滅亡，原因至今不明。

Art
藝術

文明停滯，持續大約400年的「黑暗時代」……

西元前8世紀開始，城邦誕生，古希臘文明開始蓬勃發展。

希臘

雅典等城邦中，人民以建造神殿的衛城為中心，過著豐饒的生活。

存在奴隸制度及法律規範，並形成民主政治。

近東霸主波斯帝國對繁盛的希臘發動攻擊，波希戰爭（西元前500年～449年）就此展開。

面對強大的波斯帝國，希臘以重裝步兵對抗，最後取得完美勝利！

城邦的獨立性得到保障，文明發展愈來愈高。

07……亞歷山大東征

「世界最強大的君王」亞歷山大無法戰勝什麼？

約西元前400年～西元前30年

古希臘城邦興衰更迭的同時，馬其頓暗中累積實力並開始崛起。不久後，亞歷山大大帝遠征東方，建立起橫跨希臘、近東、印度西北部的大帝國。

波希戰爭後，雅典、斯巴達、底比斯等希臘城邦持續爭奪主導權。

另一方面，北方的馬其頓勢力逐漸壯大。

特別是腓力二世時代，馬其頓在喀羅尼亞戰役擊敗雅典與底比斯聯軍，將希臘的大部分土地收入囊中。

Persia

波斯

然而，腓力二世在中途遭到暗殺……

由其子亞歷山大繼承遺志。

亞歷山大攻打了波希戰爭後仍與希臘對立的阿契美尼德王朝（波斯帝國）。

伊蘇斯戰役

亞歷山大

西元前334年，亞歷山大開始遠征東方。在伊蘇斯戰役中打敗波斯軍後，將埃及、波斯納入勢力範圍。

並在各地以其名建造都市——「亞歷山卓城」。

亞歷山大繼續派兵進攻東方，建立起橫跨歐洲、埃及至印度河流域的大帝國。

然而，年輕的亞歷山大在遠征途中病逝。自此，帝國分裂為「埃及托勒密王朝埃及」、「敘利亞塞琉古王朝」及「馬其頓安提柯王朝」。

歷史上，將亞歷山大東征至諸國滅亡的時期，稱作「希臘化時代」。在此期間，古希臘和近東文化融合，形成「希臘化文化」。

薩莫色雷斯的勝利女神

08……古羅馬與布匿戰爭

羅馬史上「最強敵人」迦太基的名將是誰？

古希臘發展、亞歷山大帝國興亡之際，拉丁人在西方建立的羅馬慢慢累積實力，與迦太基展開三次布匿戰爭後，成功取得地中海霸權。

約西元前1000年～西元前140年

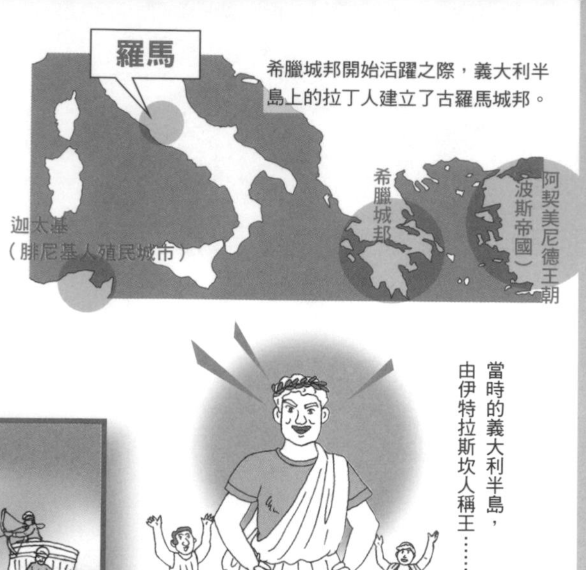

迦太基是當時在地中海擴張勢力的腓尼基人殖民城市，與日益壯大的羅馬對立。

西元前264年，雙方在西西里島周邊爆發衝突。

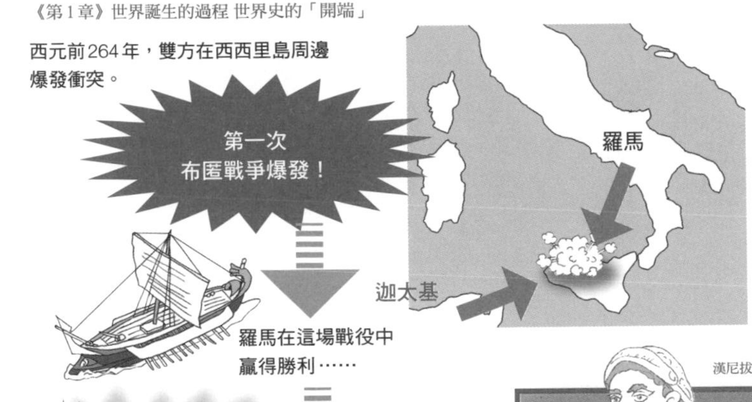

羅馬在這場戰役中贏得勝利……

然而，西元前218年，迦太基名將漢尼拔率領大軍，進攻義大利半島。

雖然羅馬差點被迦太基攻破，但在名將西庇阿的活躍下，終於取得勝利。

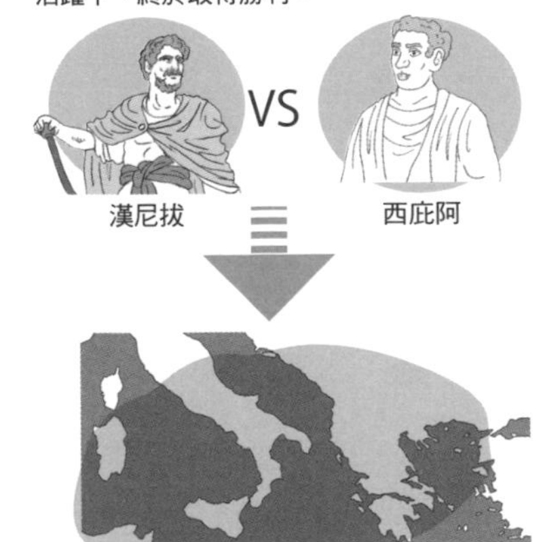

羅馬隨後在第三次布匿戰爭中消滅迦太基，將亞歷山大帝國分裂後的馬其頓和希臘納入版圖。

不久後，羅馬憑重裝步兵之力，壓制周邊城邦，並於西元前272年統一義大利半島。

09……凱撒與屋大維

凱撒為何遭到「暗殺」？

羅馬在布匿戰爭後迎來混亂的時代，並在凱撒等人的活躍下再次繁榮。凱撒暗殺事件發生後，屋大維（奧古斯都）打倒其政敵安東尼，成為實質上的皇帝。

約西元前140年～西元前27年

斯巴達克斯的叛亂

布匿戰爭結束後，羅馬發生政治家紛爭及奴隸叛亂（角鬥士斯巴達克斯），治安一片混亂。

後來，有三人因鎮壓叛亂而獲得功績並掌握政權。（前三頭同盟）

Octavianus

屋大維

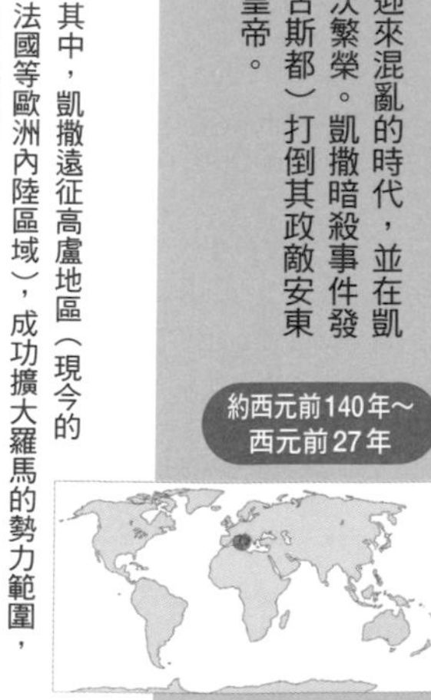

其中，凱撒遠征高盧地區（現今的法國等歐洲內陸區域），成功擴大羅馬的勢力範圍，從中脫穎而出。

高盧

羅馬

凱撒取得獨裁地位，卻因此受人戒備、遭到暗殺。

布魯圖斯！
連你也背叛我！
凱撒
Caesar
克麗奧佩脫拉
Kleopatra
凱撒死後，由其部下安東尼、雷比達及養子屋大維組成後三頭同盟。
安東尼
屋大維
雷比達
埃及艷后克麗奧佩脫拉曾是凱撒的情人，後來安東尼與之成婚並累積實力。
然而，安東尼在西元前31年的亞克興戰役中敗給屋大維。
安東尼戰敗後，克麗奧佩脫拉選擇自盡。
贏得勝利的屋大維得到元老院賜予的稱號「奧古斯都」（至尊者），正式成為羅馬帝國的初代皇帝。

10……羅馬帝國的繁榮

「羅馬和平」是如何建立的？

屋大維成為實質上的皇帝後，羅馬迎來空前的繁華盛世。羅馬帝國統治歐洲至近東的廣大領土，在巴黎、倫敦、維也納等都市都留下建設。

約西元前27年～西元180年

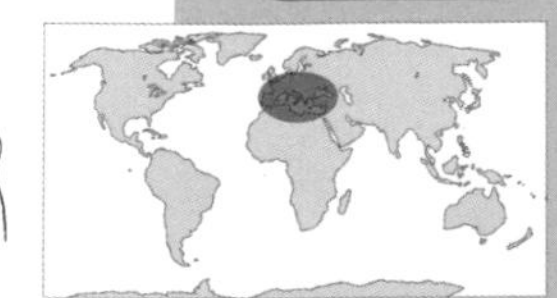

屋大維（奧古斯都）成為實質皇帝後，羅馬在其後的200年間迎來全盛時期，史稱「羅馬和平」。

後來出現卡利古拉、尼祿等「暴君」……

不過，西元96年～180年，進入人稱「五賢帝」的明君時代，羅馬再次迎來繁榮。

亞壁古道

正如「條條大路通羅馬」所言，羅馬帝國具備完善的道路和水道橋等基礎建設。

大量興建公共浴場、神殿等建築物。

公共浴場

萬神殿

羅馬和平

競技場會舉行角鬥士賭命搏鬥的比賽（畸形秀）。

羅馬的最大版圖，包括英國、埃及和近東地區。

市民縱情於娛樂文化，其生活資金的來源是對人民課以重稅。

11……基督教的起源

基督教經300年「迫害」，得到承認的原因為何？

耶穌出生於羅馬帝國統治期間，宣揚神愛，卻被處以十字架之刑。其教義受到苦於重稅的民眾支持，經歷長期迫害後，基督教才成為羅馬國教。

約西元1年～392年

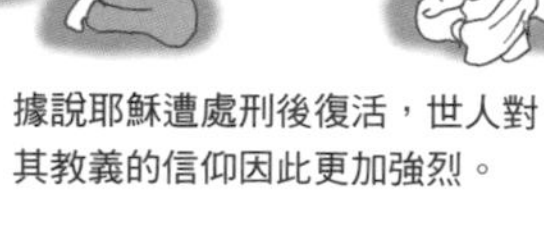
據說耶穌遭處刑後復活，世人對其教義的信仰因此更加強烈。

基督教

聖母瑪利亞

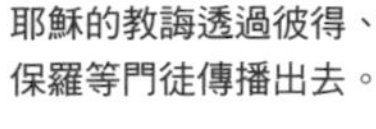
耶穌的教誨透過彼得、保羅等門徒傳播出去。

彼得

保羅

羅馬帝國信奉多神教，皇帝也被視為神，只信奉唯一真神的耶穌教義與之不合，300年來持續受到壓迫……

但是，「上帝之前人人平等」的耶穌教義，在苦於重稅的民眾、女性及奴隸間廣為流傳。

見這股信仰勢不可擋，羅馬皇帝君士坦丁大帝終於頒布《米蘭敕令》，承認了基督教。

不僅如此，西元392年，狄奧多西一世將基督教定為國教。

▼12……古印度文明

「印度河流域」上興盛的文明是什麼？

大約從西元前2300年開始，印度河流域的古印度文明蓬勃發展，在世界遺產摩亨約達羅等地建立出色的古文明。後來雅利安人入侵，在此建造新城市。

約西元前2300年～

從這裡開始，讓我們回到四大古文明時代吧！

西元前2300年，稍晚於近東文明，印度河流域的古印度文明開始蓬勃發展。

當地人使用大小一致的磚瓦，建造井然有序的街道。

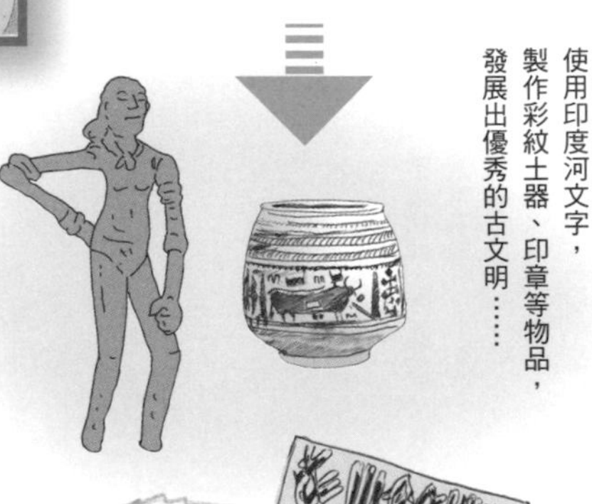

使用印度河文字，製作彩紋土器、印章等物品，發展出優秀的古文明……

大約從西元前1500年開始，來自西北方的雅利安人逐步侵略印度河流域。

雅利安人創立嚴格的身分階級制度，稱為「種姓制度」。

婆羅門（祭司）

剎帝利（武士、貴族）

吠舍（庶民〔農民、牧民、商人〕）

首陀羅（原住民、奴隸）

由此開始，逐漸形成更複雜的階級制度。

摩亨約達羅

古印度文明

約西元前1800年，古印度文明逐漸衰退，如今只有摩亨約達羅、哈拉帕等遺跡有留下文明的足跡。

印度河文字的意義尚未解開，古印度文明衰退的原因也不明。

13……印度王朝的變遷

「阿育王」皈依佛教的真正原因為何？

印度經歷了列國時期，直到西元前3世紀，才由孔雀王朝統一，迎來昌盛時代。其後的貴霜王朝、笈多王朝、普西亞布蒂王朝等強盛王朝，逐步發展出卓越的文化。

約西元前6世紀～西元647年

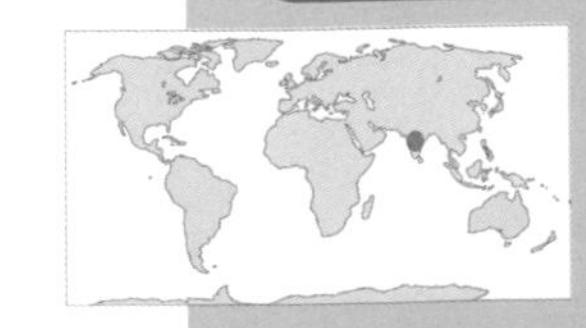

西元前6世紀左右，印度的恆河中下游一帶出現了數座城邦。

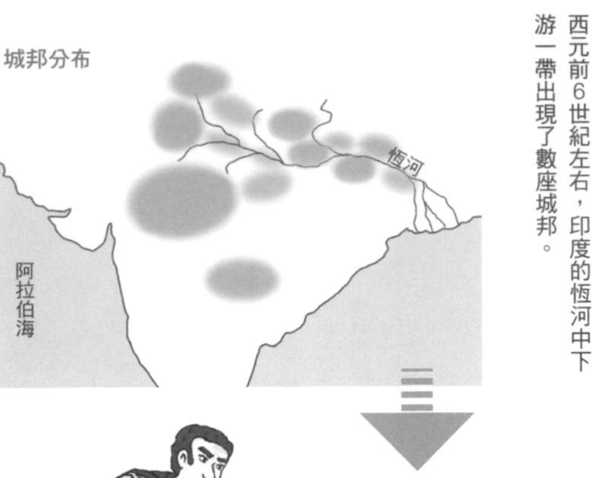

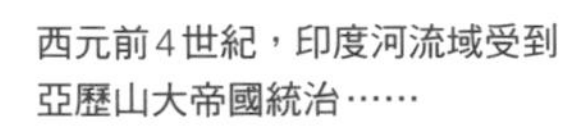

西元前4世紀，印度河流域受到亞歷山大帝國統治……

印度河

阿育王

後來孔雀王朝的勢力逐漸擴大，西元前3世紀建立了巨大的統一王朝。

阿育王開創了全盛期，卻後悔在戰爭中奪走許多人命……

阿育王死後孔雀王朝衰退，約西元2世紀，遭北方的貴霜王朝及南方的百乘王朝取代。

尤其是貴霜王朝，利用與羅馬、中國接壤的地理優勢，發展出繁榮的貿易。

此外，迦膩色迦王很保護佛教，犍陀羅藝術（希臘式佛教藝術）因此興盛。

犍陀羅藝術

此後王朝興衰更迭，西元4～6世紀繁盛的笈多王朝時期，犍陀羅藝術成熟。

到了西元7世紀，曷利沙伐彈那建立普西亞布蒂王朝。其曾款待過《西遊記》唐三藏的原型人物──玄奘法師。

14……佛教的傳播
為什麼印度教會在佛教的發源地「印度」紮根？

佛教在一名王子的深切期盼下誕生。釋迦牟尼死後，印度國王仍陸續皈依佛教，教義廣傳至東南亞、日本等地。另一方面，後來出現的印度教逐漸在印度打下根基。

約西元前6世紀～西元7世紀

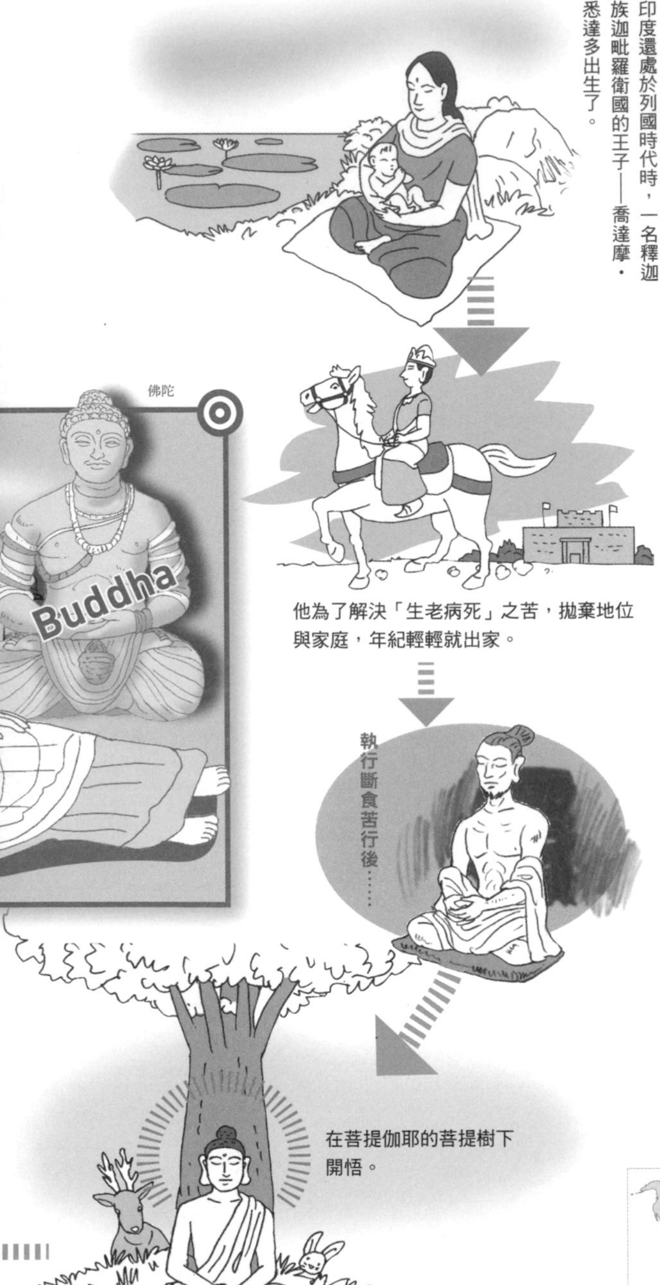

印度還處於列國時代時，一名釋迦族迦毗羅衛國的王子——喬達摩・悉達多出生了。
佛陀
Buddha
他為了解決「生老病死」之苦，拋棄地位與家庭，年紀輕輕就出家。
執行斷食苦行後……
在菩提伽耶的菩提樹下開悟。

喬達摩・悉達多成為佛陀後，自行傳播佛教教義。圓寂後，由其弟子繼續傳教。

Stupa
佛塔

Buddhism
佛教

在阿育王的庇護下，佛教在孔雀王朝蓬勃發展……

建造佛塔（窣堵坡）。

鹿野苑

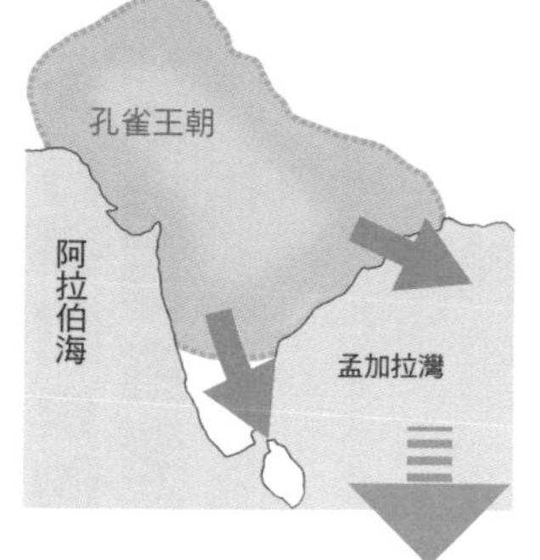

佛教分裂為不同教派。重視自我修行的上座部佛教，流傳至斯里蘭卡及東南亞一帶。

貴霜王朝時期，主張救濟眾生的大乘佛教興起，並藉由絲路傳播至中國和日本。

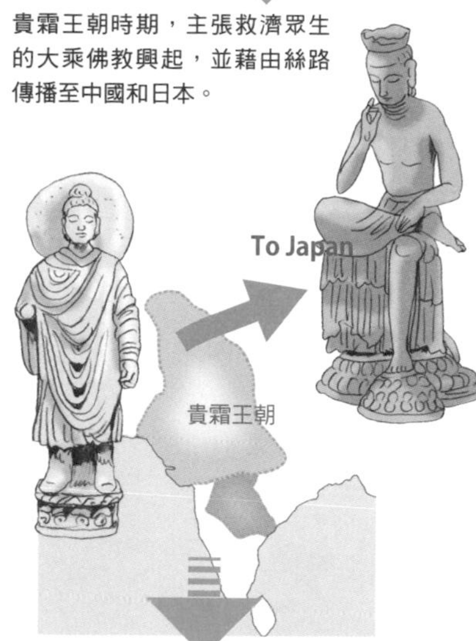

然而，到了笈多王朝時期，雅利安人信仰的婆羅門教吸收了佛教及民間信仰，印度教就此誕生。

印度教因此在印度紮下根基。

15……黃河文明與商周時期

考古學證實的「中國最古老」王朝為何？

中國的黃河和長江流域很早就發展出文明，並逐漸形成王朝。商朝發明甲骨文、周朝以封建制度治理國家，中國各朝代的歷史就此展開。

約西元前5000年～西元前770年

四大古文明時期，中國的黃河及長江流域孕育出文明。

西元前5000年左右，仰韶文化興起。建立起由數百人組成的村落，以彩陶聞名……

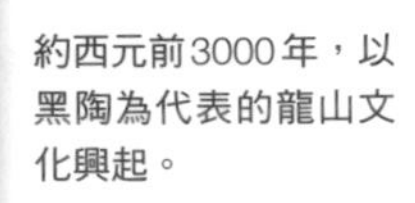

約西元前3000年，以黑陶為代表的龍山文化興起。

甲骨文

Oracle Bone Script

Civilization

傳說中，中國古時歷經堯、舜、禹等明君治理……

禹

禹建立了「夏朝」……

傳說中，夏朝的下一個朝代是殷商。殷商時期的遺跡被後人發現，史學家認為其建立時間是西元前1600年左右。

商朝後期的王都「殷墟」。

殷王在位期間，相當重視祭祀和占卜……

此時的出土文物中，發現了祭祀用的青銅器，及記載占卜結果的甲骨文等。

黃河文明

約西元前1100年，殷商遭周朝所滅。

周王

諸侯

周王將領地分封給諸侯，以封建關係進行統治……

周朝建立了比殷商更大的王朝。

考古學尚未證實其存在。

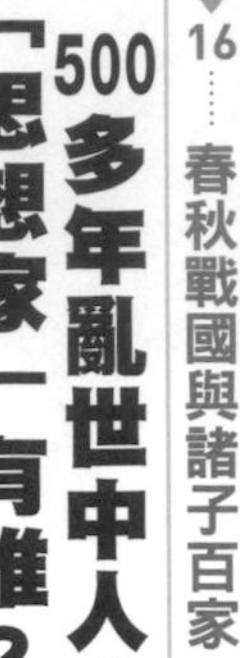

16……春秋戰國與諸子百家

500多年亂世中人才輩出的「思想家」有誰？

到了西元前8世紀，周朝國勢衰退，中國面臨長期戰亂的時代——「春秋戰國」。亂世持續了500年以上，孔子、孟子、老子等思想家連袂登場。

西元前770年～西元前221年

西元前770年，周朝因外族入侵而遷都，國力大減。
當時周幽王沉迷於美女褒姒，可說是周朝衰微的原因之一。
其後，被稱為「霸主」的強大諸侯展開權力鬥爭，中國進入「春秋時代」的亂世。
燕
周
晉
齊
衛
魯
秦
宋
黃海
曹
鄭
楚
吳
越
內亂
Civil Wars
亂世持續350年以上，
始終看不到終點……

以下犯上的情況愈演愈烈，
甚至出現無視周王、自立為王的諸侯。

為了在亂世中追求新的社會秩序，出現許多優秀的思想。

生於春秋時代的孔丘（孔子）期盼周朝施行理想政治，推廣「仁」、「孝」等思想。

孔子的教誨整理於《論語》等著作中。以孔子為始祖的學派稱為「儒家」。

戰國時代，儒家出現孟子、荀子等思想家。

孟子
天時不如地利，地利不如人和。
荀子
青，取之於藍，而青於藍。

Confucianism

儒教

另一方面，老子、莊子等人主張「自然無為」，被稱為「道家」。

其他主要思想，還有韓非的「法家」、孫子的「兵家」等。

韓非
千丈之堤，以螻蟻之穴潰。
孫子
知彼知己者，百戰不殆。

如此多元的學派，統稱「諸子百家」。

中山
燕
趙
衛
齊
魏
秦
周
魯
韓
宋
楚

其後進入「戰國時代」，被稱為「戰國七雄」的強國不斷爭鬥，延續了近200年的亂世。

17……秦始皇

亂世中得勝的「秦始皇」施行哪兩項殘酷的政策？

「戰國七雄」之一的秦國在春秋戰國時代取得勝利。秦王政自稱「始皇帝」，創立激進的中央集權體制。其在位期間曾採取「焚書坑儒」、「大興土木」等強硬的手段。

西元前221年～西元前206年

秦國在亂世中取得勝利。

秦王征服他國，於西元前221年統一中國。

秦始皇

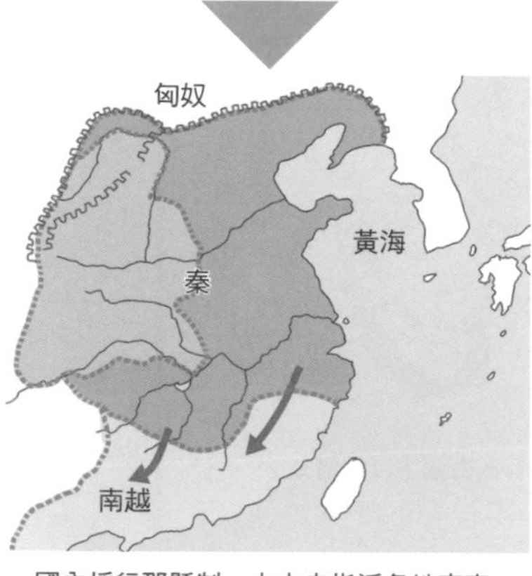

國內採行郡縣制，由中央指派各地官吏，展開中央集權政治。

另一方面，秦朝為阻擋北方外族匈奴的入侵，修築了巨大的萬里長城。

取得強大權力的秦王政自稱「皇帝」，成為中國史上第一個皇帝「始皇帝」。

兵馬俑

秦始皇為了統一思想，焚燒醫藥、農業、占卜以外的書籍（焚書），並掩埋了 460 多名儒者（坑儒）。

此外，秦始皇命人建造巨大宮殿「阿房宮」。

甚至建造了宏偉的陵墓，以 8000 多尊陶製士兵和戰馬（兵馬俑）陪葬。

人民因國家大興土木、對外戰爭頻繁，承受沉重的負擔。

18……項羽與劉邦

中國史上最有名的「雙雄爭霸」為何？

執掌大權的秦始皇去世後，社會發生劇烈動盪，許多人起義反抗。項羽和劉邦於此時嶄露頭角，展開楚漢相爭。最後，劉邦結束激戰，並成立了漢朝。

西元前210年～西元前202年

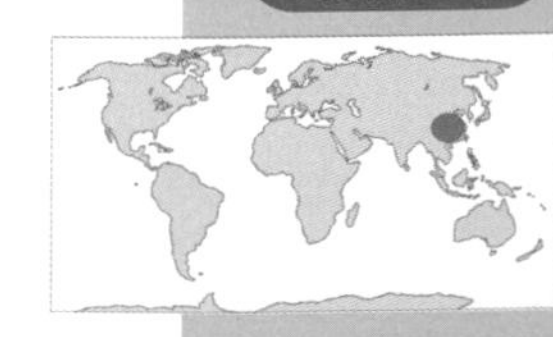

西元前210年，秦始皇去世，社會頓時動盪不安。

陳勝、吳廣率領的農民起義，成為引爆點。

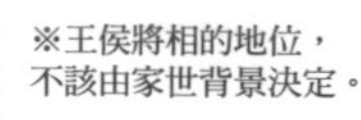

※王侯將相的地位，不該由家世背景決定。

許多武將也紛紛舉兵反秦。

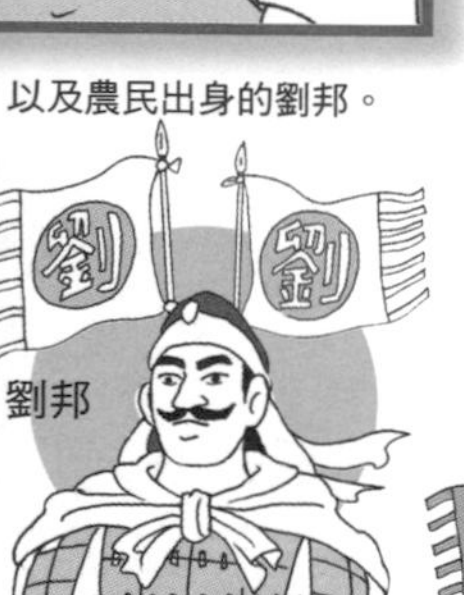

其中包括擁有楚國將軍家世、出身名門的項羽……

以及農民出身的劉邦。

劉邦

其後，項羽在諸侯間成為領袖一般的存在……
但不久後，劉邦出兵攻打項羽。
雙方對立的過程中，劉邦曾一時陷入險境……
Liu Bang
但最後，項羽在四面楚歌下，想著心愛的虞姬，自盡而亡。
虞兮虞兮奈若何？
劉邦

劉邦取得勝利，在西元前202年登基，開創漢朝。
漢
漢

在項羽和劉邦的帶領下，秦朝滅亡。自秦朝統一中國，只歷經了短短的15年。

19……漢朝

曾與「日本」交流、延續400年盛世的中國王朝為何？

劉邦建立漢朝後，初期行郡國制，後來逐漸強化中央集權制，漢武帝時期開拓了最大版圖。雖一度滅亡，但未經20年就再次復興。西漢和東漢共延續了400年的榮華盛世。

西元前202年～西元220年

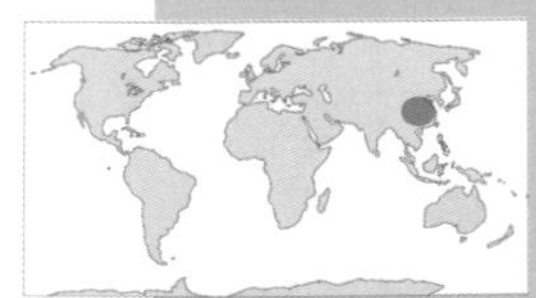

劉邦（漢高祖）開創漢朝，直轄首都周圍的城市，在地方分封諸侯，行郡國制。

郡國制

郡縣制 ＋ 封建制

郡國制結合了周朝的封建制，及秦朝的郡縣制。

然而，西元前154年諸侯叛亂，爆發「七國之亂」……

平定叛亂後，漢朝走向與郡縣制相同的中央集權制。

漢武帝時期（西元前141年～西元前87年），漢朝頻繁發動對外戰爭……

取得最大版圖！

南海

西元8年，漢朝被皇帝的外戚王莽所滅。王莽建立新王朝「新」……

後來發生赤眉之亂，新朝在短短15年間滅亡。

其後，出身漢朝王室的劉秀復興了漢朝（東漢），並自立為帝（光武帝）。

東漢時期，中國的絹品透過絲綢之路運往羅馬，東西方交流頻繁。

另一方面，日本（倭）的奴國王派遣使者前來，東漢光武帝賜予金印作為回禮。

絲綢之路

漢

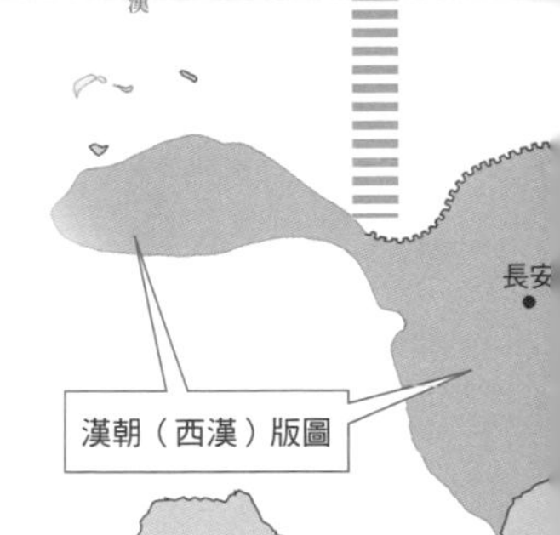

Column 1

第1章 此時的日本

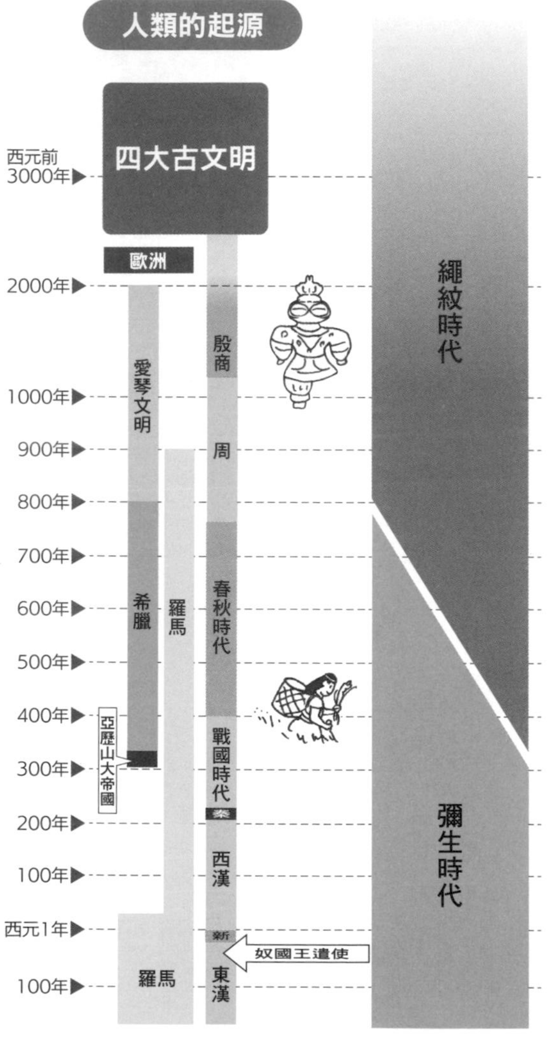

■四大古文明時期，日本正值繩紋時代

本章出現的時代，幾乎都對應日本的繩紋時代。此時，日本尚未出現身分階級觀念，人們以狩獵、捕魚、採集等方式獲取食材。寒冷的冰河期結束後，糧食變豐富，人們開始在豎穴居中定居。繩紋時代的人會製作土偶或繩紋土器。

■彌生時代開始栽種稻作

關於彌生時代開始的時期眾說紛紜，學者多認為相當於古希臘城邦興起至亞歷山大大帝崛起的期間。此時，日本的稻作農業規模擴大，必須共同建造灌溉設施等，因此逐漸形成村落及國家。發展過程類似四大古文明時期。

■奴國王派遣使者至漢朝

西元57年，日本小國之一的奴國國王派遣使者前往漢朝，並得到漢朝皇帝贈送的金印。這時的日本，與中國、朝鮮半島往來頻繁。

《第2章》——帝國的興衰更迭「擴張」的世界史

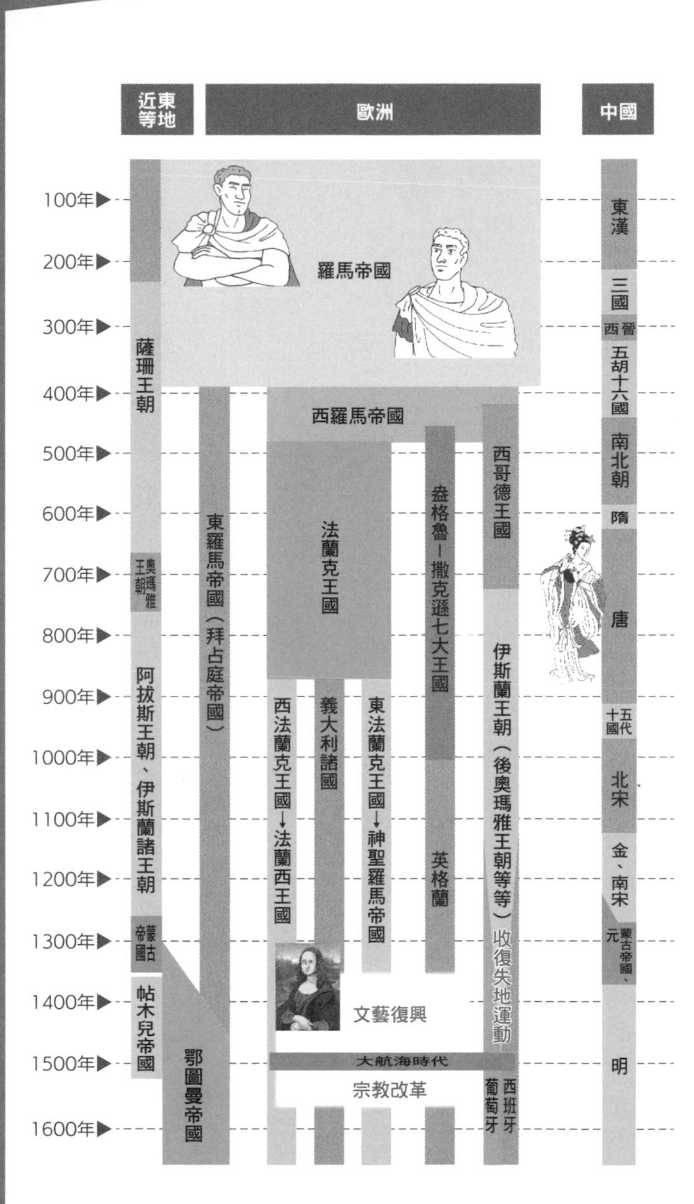

20……三國時代

最後由誰終止了「群雄割據」的亂世？

東漢末年，中國因政治動亂、飢荒等問題而一片混亂。經歷武將競爭霸權的群雄割據時代後，最後形成魏國曹操、吳國孫權、蜀國劉備三國鼎立的局面。

約西元180年～260年

西元2世紀後半，東漢的官僚、宦官、外戚之間的權力鬥爭愈演愈烈，加上天災、飢荒不斷，世間陷入混亂……

西元184年，爆發大規模民變「黃巾之亂」。

東漢朝廷失去權威，豪族則因鎮壓民變崛起。中國進入武將爭權的群雄割據時代。

此時嶄露頭角的人有……

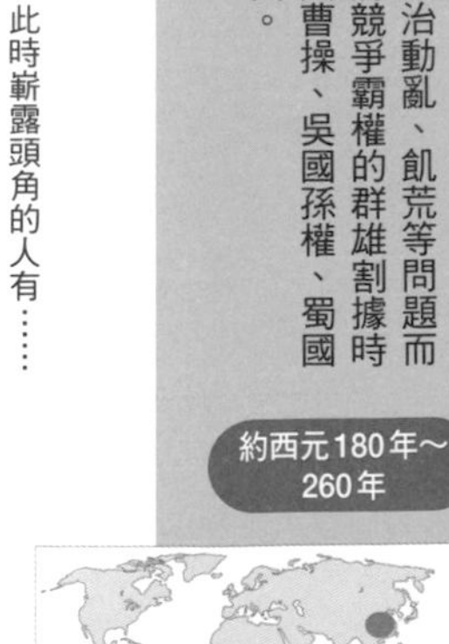

人稱「亂世梟雄」的曹操……

doms

三國鼎立

以及身邊有關羽、張飛等猛將、三顧茅廬請出諸葛亮（孔明）的劉備。

曹操一開始占有優勢……

卻在赤壁之戰中，敗給劉備與孫權的聯軍，局勢再次陷入混亂。

不久後，曹操之子曹丕成為魏國的初代皇帝，與孫權的吳國、劉備的蜀國互相爭霸，進入三國時代。

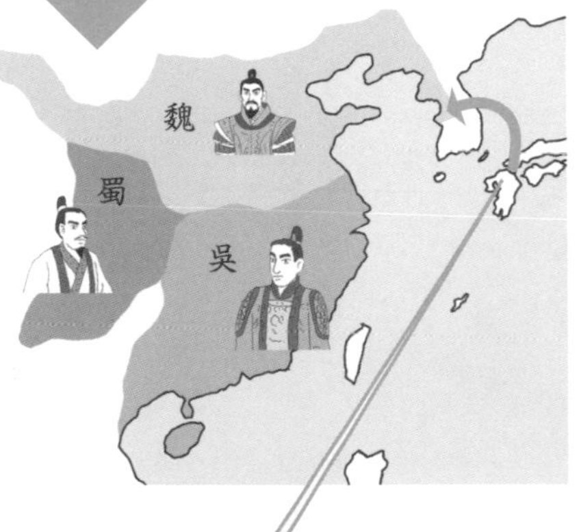

附帶一提，此時的日本（倭）曾派遣使者前往魏國……

使者就是邪馬台國的女王——卑彌呼。

21……五胡十六國與南北朝

接續難分勝負的三國時代的「亂世」為何？

東漢滅亡後，歷經三國時代，中國又進入多國並立的五胡十六國和南北朝時期，混亂的局勢持續了數百年之久。另一方面，中國的代表性文化也在此時蓬勃發展。

約西元260年～589年

三國互相競爭後，最後何方得勝？

首先，魏國在西元263年消滅蜀國。

但是，魏國將軍司馬炎在2年後篡奪魏國，建立晉國。

西元280年，晉國滅吳國，統一中國。

三國都沒有取得天下。

然而，晉朝因內亂和外族入侵，於西元316年滅亡。

敦煌

其後，晉國人又在南方建立東晉……

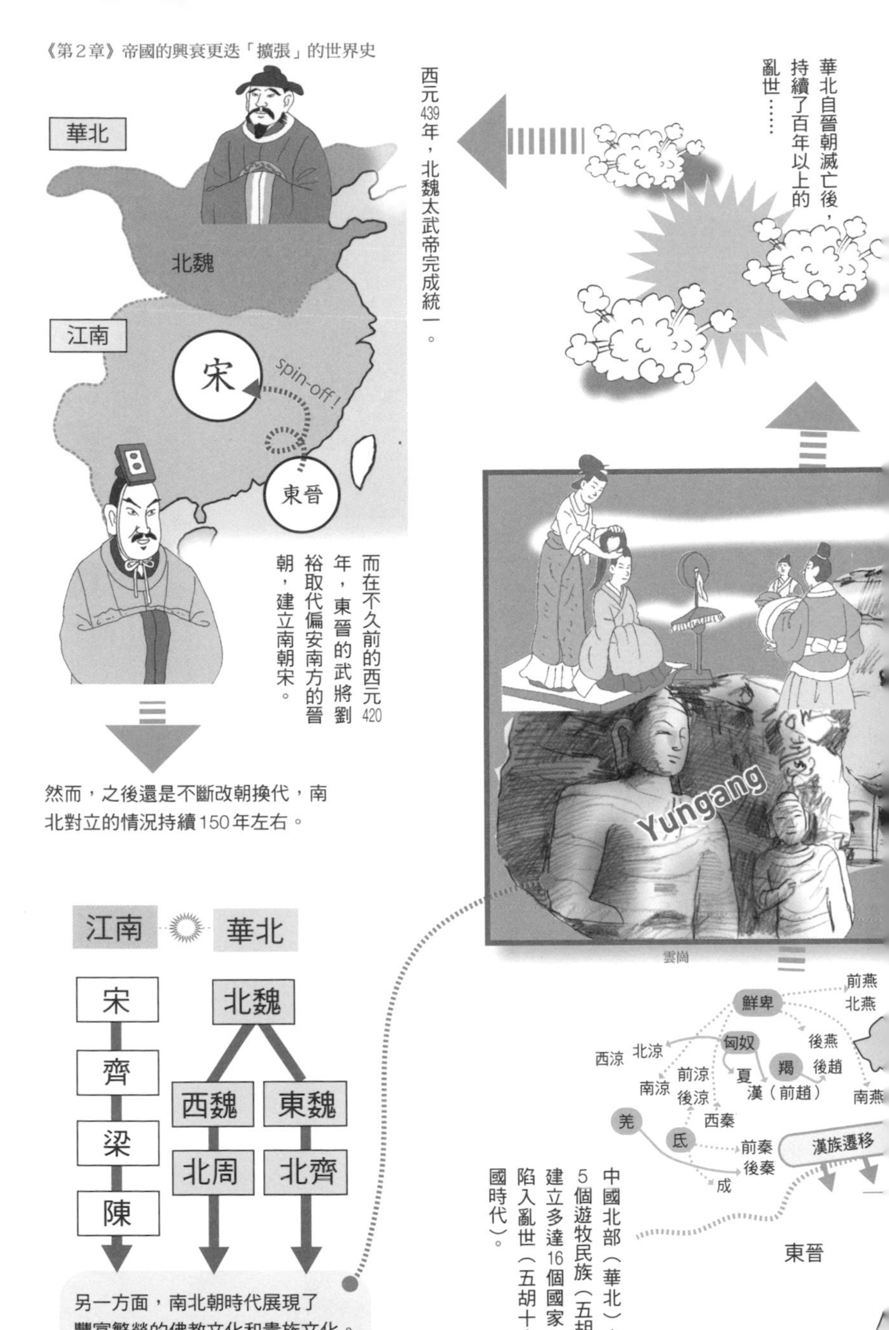

華北自晉朝滅亡後，持續了百年以上的亂世……
西元439年，北魏太武帝完成統一。
華北
北魏
江南
宋
spin-off!
東晉
而在不久前的西元420年，東晉的武將劉裕取代偏安南方的晉朝，建立南朝宋。
然而，之後還是不斷改朝換代，南北對立的情況持續150年左右。
Yungang
雲崗
江南
華北
宋
齊
梁
陳
北魏
西魏
東魏
北周
北齊
另一方面，南北朝時代展現了豐富繁榮的佛教文化和貴族文化。
鮮卑
前燕
北燕
匈奴
後燕
羯
後趙
西涼
北涼
南涼
前涼
後涼
夏
漢（前趙）
南燕
羌
氐
西秦
前秦
後秦
成
漢族遷移
東晉
中國北部（華北）由5個遊牧民族（五胡）建立多達16個國家，陷入亂世（五胡十六國時代）。

22……隋朝統一中國

於中國史留下「豐功偉業」的皇帝治世為何？

出自華北的隋朝在西元589年消滅南朝陳，終於完成中國統一。此時代開創的科舉制度及大運河建設，為往後的中國帶來巨大影響。然而，隋朝統治數十年後，便再度陷入混亂。

約西元581年～618年

西元581年，北周統一了華北，將軍之子、皇帝外戚的楊堅接受皇帝禪讓，建立隋朝。

8年後的西元589年，隋朝滅南朝陳。

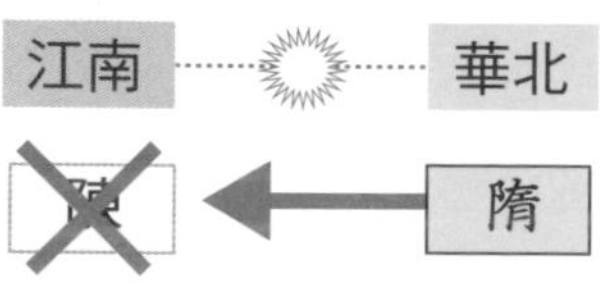

此為時隔273年的統一王朝。

Grand Canal

大運河

初代皇帝楊堅（隋文帝）訂定租庸調稅收制度……

租
調
庸

並開辦選任官吏的科舉制度。

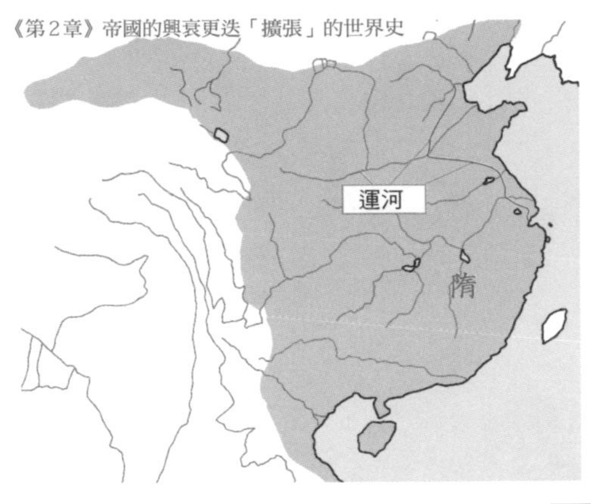

隋朝在楊堅之子隋煬帝時，取得最大版圖……

隋煬帝

並成功建造大運河，提升水運技術。

順帶一提，日本的聖德太子就是在此時派小野妹子出使隋朝的事件（遣隋使）。

然而，土木工程和戰爭頻繁，造成人民苦不堪言……

全國各地起義反抗。

23……大唐帝國

延續300年盛世的「大帝國」有何社會制度和文化？

唐朝消滅隋朝後，大幅擴張領土，建立長達300年左右的大帝國。雖然發生過短暫的社會混亂，但其壯麗的首都、完善的社會制度、出色的文化，皆是當時日本等國的典範。

西元618年～763年

隋
隋朝末期不斷發生叛亂，最後由李淵消滅隋朝，建立唐朝。
後來，第二代皇帝唐太宗（李世民）統一中國。
唐
Yang Guifei

楊貴妃

約西元670年，唐朝的版圖擴張至最大。

繁榮的首都「長安」

治理方針相當完善……

法律	官制	稅制
律令格式	三省六部	均田制、租庸調

詩仙・李白

西元690年，皇后自立為帝，改國號為周。武則天成為中國史上唯一的女皇帝。

武則天的專制統治備受批評，只過一代便重回「唐朝」。

武則天的孫子李隆基（唐玄宗）成為皇帝，建立穩定的社會……

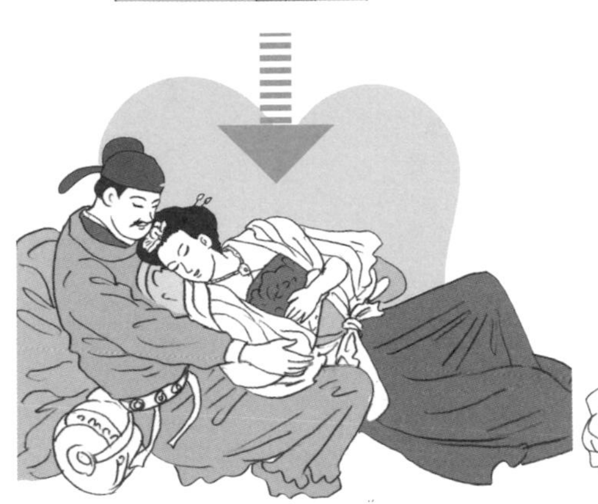

然而，唐玄宗晚年沉迷於美女楊貴妃……

唐代的社會文化成為各國的範本。

西元755年～763年爆發安史之亂，皇帝逃離京城，中國再次陷入混亂。

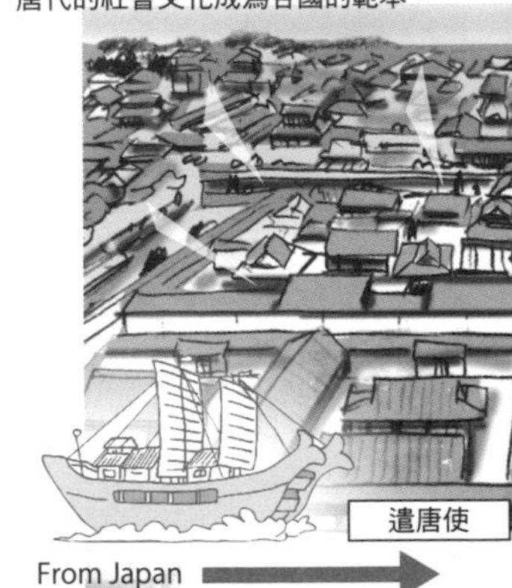

24 唐朝到宋朝

大唐帝國滅亡並陷入混亂後，誕生出哪個「大國」？

唐朝國政漸趨衰敗，再次進入亂世。唐朝滅亡後，歷經五代十國的紛爭，最終由宋朝統一中國。然而，宋朝同樣遭受外族侵略，不久便失去華北。

約西元750年～1276年

唐玄宗統治末期，唐朝國政衰退，國土因外族入侵而縮小。

西元875年爆發大規模民變，史稱黃巢之亂。

西元907年，唐朝被朱全忠所滅。

907年 後梁

923年 後梁

朱全忠建立後梁王朝，但在短短16年間走向滅亡。

不！

文人政治

華北

後梁

後唐

後晉

後漢

後周

唐朝之後，華北出現5個王朝。還有其他10國不斷展開攻防戰。

後來，後周將軍趙匡胤建立了宋朝……
後周
spin-off？
宋
趙匡胤之弟宋太宗時統一中國，五代十國時代結束。
宋
趙匡胤
Zhao Kuangyin
宋朝（北宋）延續160年，因女真族的金國占領華北，而逃至南方（南宋）。
金
南宋
平清盛積極貿易往來（宋日貿易）的對象，就是南宋。
其他
五代十國時代延續超過70年。
閩
北漢
荊南
前蜀
楚
吳
南漢
後蜀
吳越
南唐

▼25……伊斯蘭勢力崛起

「伊斯蘭教」如何成立？

穆罕默德創立伊斯蘭教，信眾逐漸增加。第四代正統哈里發時期以後，開創奧瑪雅王朝，積極擴大勢力範圍，征服了橫跨歐洲至印度河流域的廣大領土。

約西元610年～750年

這裡開始，請將目光轉移至7世紀初的阿拉伯半島，此時大約是中國的隋朝末期。

穆罕默德出生於繁榮的貿易城市「麥加」……

他在洞窟中冥想並收到神的啟示，創立伊斯蘭教。

大天使加百列

哈里發

然而，伊斯蘭教批判財富壟斷的教義不利於商人，因此受到麥加人的壓迫。

穆罕默德從麥加移居至馬迪納。

馬迪納

麥加

勢力壯大的穆罕默德於西元630年征服麥加，並將阿拉伯半島大部分土地收入囊中。

他在此地組成信仰共同體「烏瑪」，作為宗教、政治、軍事的指導者，不斷擴張勢力。

統治版圖
不斷擴大……
穆罕默德死後，
第四代哈里發繼位……
但第四代哈里發的阿里遭到反對派暗殺。
敘利亞總督穆阿維亞一世與阿里對立，在混亂中自稱哈里發，建立奧瑪雅王朝。
Mosque
黑海
地中海
奧瑪雅王朝
阿拉伯海
奧瑪雅王朝將歐洲的伊比利半島，
以及印度河流域之間的廣大領土納
入版圖。

清真寺

26……伊斯蘭勢力的興衰

伊斯蘭世界的「興衰」如何不斷重演？

奧瑪雅王朝掌握廣大領地，政策卻引起眾多不滿。不久，阿拔斯王朝出現，奧瑪雅一族被驅逐至伊比利半島。然而，此後依然不斷發生王朝更迭。

約西元700年～1258年

奧瑪雅王朝原本聲勢浩大，卻因為稅收方面優待阿拉伯人，導致反對聲浪愈來愈大，引發政變。
其後，穆罕默德叔父一族的阿拔斯家成為政變核心，推翻奧瑪雅王朝……
建立新的阿拔斯王朝。
Nights
阿拔斯王朝
阿拔斯王朝也是握有大片領地的帝國。

天方夜譚《一千零一夜》

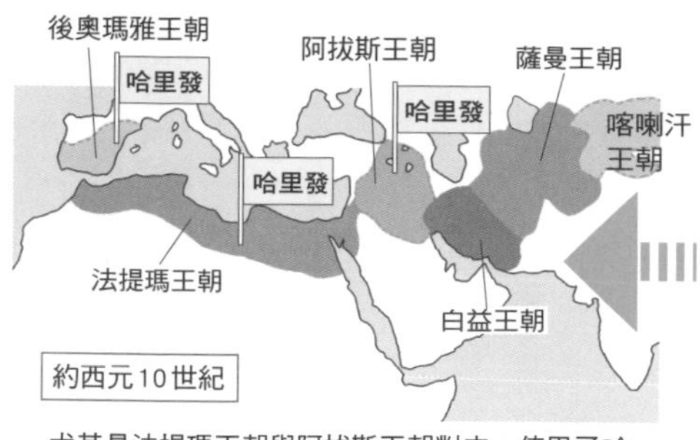

尤其是法提瑪王朝與阿拔斯王朝對立，使用了哈里發的稱號。再加上後奧瑪雅王朝，此時期總共有3位哈里發。

此外，此時也出現受阿拔斯王朝的哈里發封為「蘇丹」（統治者）後，開始治理國家的王朝，如：塞爾柱王朝。

各種王朝興起殞落，阿拔斯王朝也在西元13世紀中期滅亡。

後奧瑪雅王朝

阿拔斯王朝

另一方面，奧瑪雅王朝一族逃往伊比利半島，建立後奧瑪雅王朝。

▼27……羅馬帝國的衰退

曾經繁榮昌盛的羅馬帝國「後來」怎麼了？

羅馬和平時代結束後，羅馬開始走向衰退一途。歷經軍人皇帝頻出的混亂時代，雖多次施行政治改革，但羅馬早已無法回到過往的和平時代。

約西元180年～395年

這裡開始，將焦點移回西元2世紀～4世紀的羅馬帝國吧！

五賢帝時代末期，羅馬的國政開始陷入混亂。

國內開始發生外族入侵、征服地（羅馬行省）政變、經濟動盪等問題。

最後的五賢帝「馬可・奧理略・安敦寧・奧古斯都」

這段時期被稱為「三世紀危機」。

卡拉卡拉皇帝

西元235年～284年期間，軍團擁立「軍人皇帝」，但皇帝即位後就接連遭人殺害。

50年內大約有26名皇帝遭到殺害。羅馬政治一片混亂，走上衰退一途。

後來，戴克里先皇帝即位，試圖整頓體制……

但戴克里先皇帝死後，羅馬再次陷入混亂，直到君士坦丁大帝統一帝國。
君士坦丁大帝承認基督教，將首都從羅馬遷往君士坦丁堡，並強化官僚體制，打算重整國政。
君士坦丁堡
羅馬
地中海
Decline
衰退
後來，羅馬受到日耳曼人大遷徙而動盪不安，狄奧多西一世將羅馬分割成東西兩部分，分別交給兩個兒子。
交給你們囉！
次男
好的！
長男
西羅馬帝國
東羅馬帝國
羅馬已完全失去過往的模樣。
1
2
3
4
地中海
羅馬帝國分裂，
由東西、正副4位皇帝分開統治，
同時施行君主專制，
無視元老院的意見。

大遷徙的原因與亞洲遊牧民族「匈人」有關？

匈人西進，造成日耳曼人席捲歐洲（日耳曼人大遷徙）。西羅馬帝國在這陣混亂中衰亡，歐洲各地興起多個王國。

歐洲東北部氣候涼爽乾燥，西南部則溫暖潮濕、土壤肥沃。

所以一旦發生人口增加、糧食不足的情況，就會由東往西、由北往南遷移。

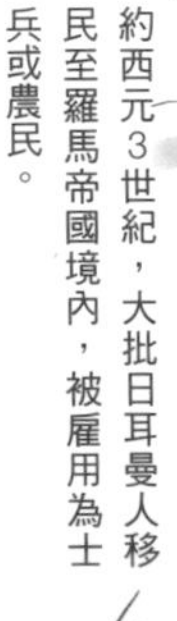

約西元3世紀，大批日耳曼人移民至羅馬帝國境內，被雇用為士兵或農民。

然而，西元4世紀後半，亞洲匈人西進，壓迫其他民族的生存空間，加速日耳曼人展開民族大遷徙。

有些人認為匈人是中國皇帝懼怕的匈奴後代。

西元410年，亞拉里克一世率領西哥德族攻打西羅馬帝國，掠奪資源。

導致日耳曼民族大遷徙的匈人，於西元5世紀中期，由阿提拉王建立起龐大勢力……

西元451年，阿提拉王在沙隆戰役中敗給西羅馬與日耳曼聯軍，勢力瓦解。

日耳曼人大遷徙

然而，曾是西羅馬傭兵的日耳曼人奧多亞塞發動叛變，在西元476年消滅西羅馬帝國。

奧多亞塞建立王國後，在西元493年遭東哥德族的狄奧多里克暗殺。狄奧多里克大帝取而代之，建立了東哥德王國。

後來，西哥德族前往伊比利半島，創立王國。

歐洲的情勢出現巨大變化。

29……法蘭克王國崛起

圖爾戰役中擊敗伊斯蘭勢力的「核心人物」為誰？

日耳曼人大遷徙後，法蘭克王國大幅發展，陸續消滅勃艮第、倫巴底等諸多王國，建立起強大領土，並與羅馬教會合作，形塑西歐社會。

西元481年～814年

法蘭克王國在日耳曼人建立的國家中逐漸崛起。

西元481年，克洛維一世統一法蘭克人，成立法蘭克王國。

自此以後，法蘭克王國的勢力逐漸擴大，但在西元8世紀面臨危機。

伊斯蘭勢力（奧瑪雅王朝）崛起，進攻伊比利半島。

加冕儀式

兩軍在圖爾與普瓦捷之間爆發激烈衝突！

的伊斯蘭勢力侵入伊比利半島。

查理・馬特

結果，以宮相（財政長）查理・馬特為核心的法蘭克王國，在戰役中取得勝利。

圖爾戰役

查理・馬特取得卓越功動，並在王國中掌握實權，其子丕平成為國王。

丕平之子查理曼繼續擴張領土，達到王國全盛期。

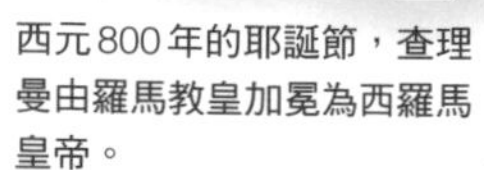

西元800年的耶誕節，查理曼由羅馬教皇加冕為西羅馬皇帝。

「查理曼加冕禮」成為西羅馬帝國復活的象徵事件。此後帝國（法蘭克王國）與羅馬教會關係密切，逐漸形塑西歐社會的形貌。

30……法蘭克王國分裂

「法國」、「義大利」、「德國」的前身王國如何發展？

查理曼死後，法蘭克王國一分為三，此即法國、義大利、德國的前身。法蘭西王國逐漸提高王權，義大利王國處於分立狀態，德意志（神聖羅馬帝國）則維持鬆散的組合。

西元814年～18世紀

西元814年，偉大的查理曼去世。

其兒孫輩之間開始內鬥……

路德維希一世

查理二世　洛泰爾一世　路德維希二世

西元962年，鄂圖一世在東法蘭克接受羅馬教皇加冕，成為神聖羅馬帝國皇帝。

東法蘭克變成神聖羅馬帝國（德意志）。

德意志王國

Germany

Italy

義大利王國

起初皇帝由諸侯選出……

不久後，變成哈布斯堡家族世襲。

神聖羅馬帝國是現今德國與奧地利的前身。

西法蘭克王國後來變成法蘭西王國。

France

法蘭西王國

查理曼的血脈（加洛林家族）斷絕後，於格・卡佩在西元987年開啟卡佩王朝。

本來皇帝對諸侯的權力很薄弱……

後來王權逐漸提高，出現路易十四等採行君主專制的帝王。

另一方面，義大利王國……

除了教宗國之外，熱那亞、威尼斯等獨立都市分立，始終未出現完整強大的掌權者。

31……十字軍

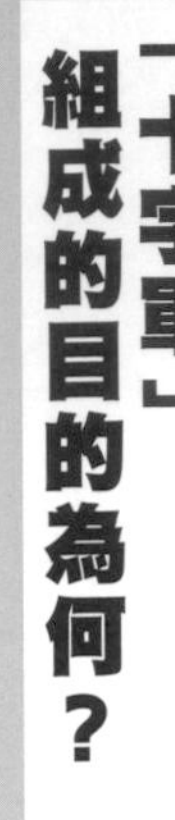

「十字軍」組成的目的為何？

十字軍以收復聖地為目標而組成。雖然一度成功奪回耶路撒冷，卻不久後就遭到伊斯蘭勢力反擊。結果，教皇因無法收回聖地而失去權威，率領軍隊的國王則因此提高權力。

西元1095年～1270年

自西元395年，羅馬帝國分裂以來……
西羅馬帝國
東羅馬帝國
西羅馬帝國於西元476年滅亡，法蘭克王國崛起……
Pope
教皇

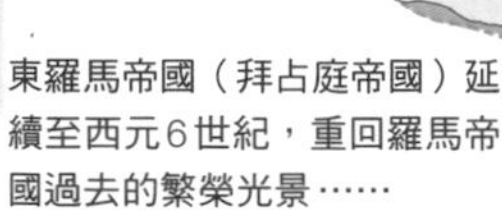

東羅馬帝國（拜占庭帝國）延續至西元6世紀，重回羅馬帝國過去的繁榮光景……

查士丁尼一世

其後受到日耳曼王國和伊斯蘭勢力的侵略，勢力衰退。

黑海

地中海

不久後，基督教的聖地耶路撒冷被奪走，伊斯蘭勢力（塞爾柱王朝）的壓迫與日俱增，拜占庭皇帝請求羅馬教皇支援。

收到請求的教皇提倡「收復聖地」。

十字軍

教皇回應皇帝的請求，西元1096年組織第一次十字軍東征，並於1099年占領耶路撒冷，建立耶路撒冷王國。

教皇回應皇帝的請求，西元1096年組織第一次十字軍東征，並於1099年占領耶路撒冷，建立耶路撒冷王國。

為了與伊斯蘭勢力對抗，又組成了第三次十字軍東征。英格蘭國王、法蘭西國王與神聖羅馬皇帝都加入戰局……

英格蘭國王
理查一世

法蘭西國王
腓力二世

神聖羅馬帝國皇帝
腓特烈一世

後來，十字軍繼續出兵，直到西元1270年發動第七次東征，但還是無法取得聖地，耶路撒冷王國在1291年滅亡。

32……英法百年戰爭

戰爭不斷的「英格蘭」與「法蘭西」有何複雜關係？

英法兩國的王族間關係複雜，頻頻發生衝突。西元1339年，終於爆發百年戰爭。英格蘭在黑太子愛德華的帶領下取得優勢，但一名少女拯救了法國。

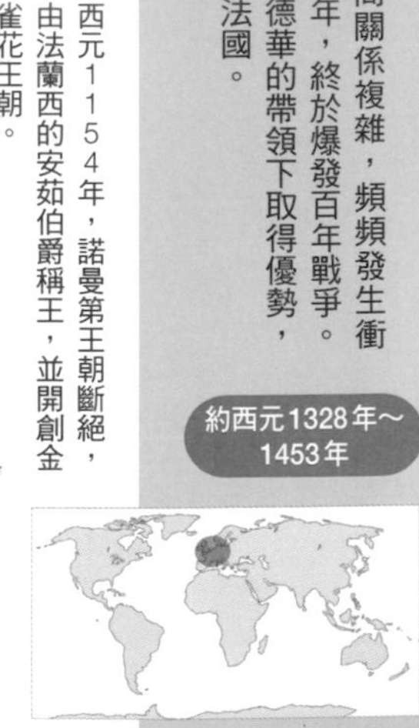

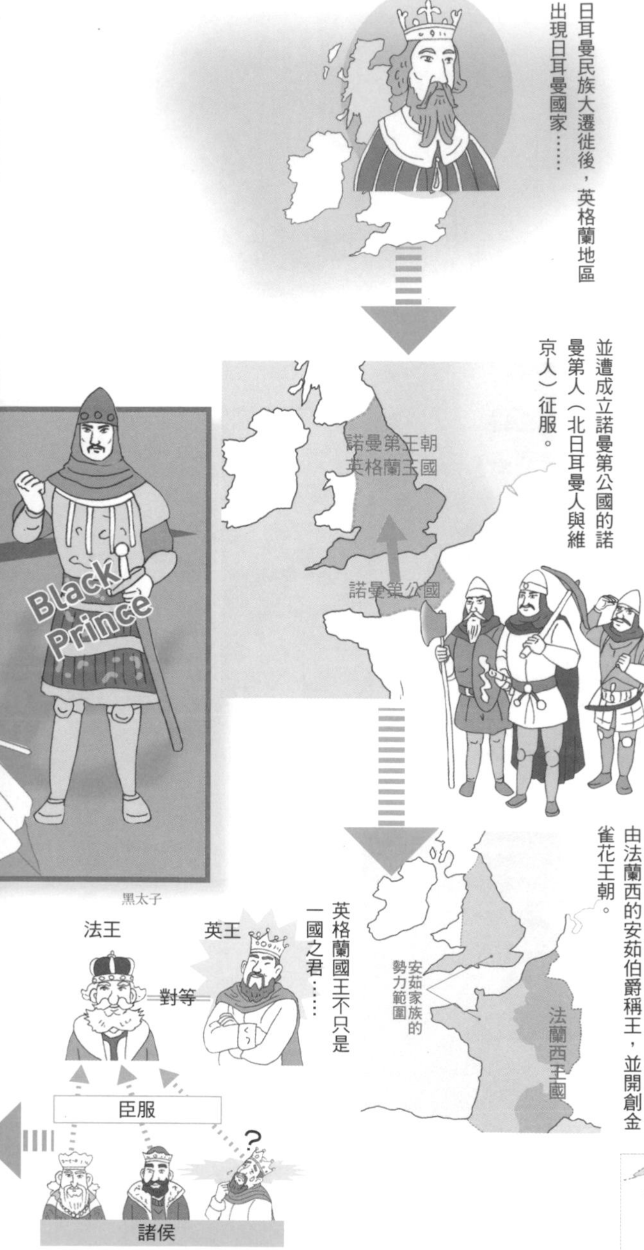

西元1339年，由於王位繼承與領土爭奪問題，爆發英法百年戰爭。
西元1328年，法蘭西另立新王，英格蘭國王愛德華三世主張自己擁有法蘭西國王的繼承權。
原法王
新法王
原法王
原法王
前法王
前英王
愛德華三世是前任法蘭西國王的外甥。
在黑太子愛德華的帶領下，英格蘭取得優勢……
法軍被英軍逼至即將毀滅的險境。
此時，奇蹟發生了！
一名少女聽見神的聲音，指引她拯救法蘭西……
少女率領軍隊，為法蘭西帶來勝利。
她就是聖女貞德。
Joan of Arc
英法之間頻頻為了領土問題而起衝突。左圖為西元1330年左右的領土關係圖。
英格蘭領土
法蘭西領土
因此，英法百年戰爭最終由法蘭西取得勝利……
英格蘭失去大部分的內陸領土……
但立下戰功的貞德被敵軍俘虜，19歲就遭處火刑。
聖女貞德

33……蒙古旋風

蒙古人得以建立空前大帝國的「強大祕密」為何？

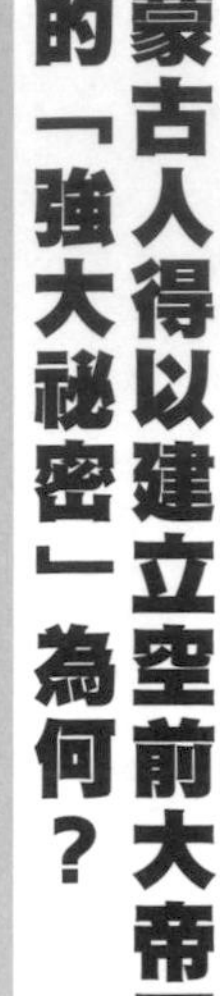

成吉思汗建立蒙古帝國，其後代子孫席捲歐亞大陸，版圖從俄羅斯橫跨伊朗及中國，形成史上最大的帝國。不久後，龐大的領土分裂成數個國家。

約西元1162年～1300年

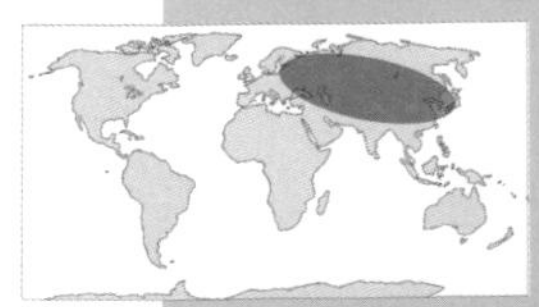

在中國分為金與南宋、十字軍在歐洲出現的期間……

生於蒙古高原的鐵木真統一各部族，開始擴張領土。

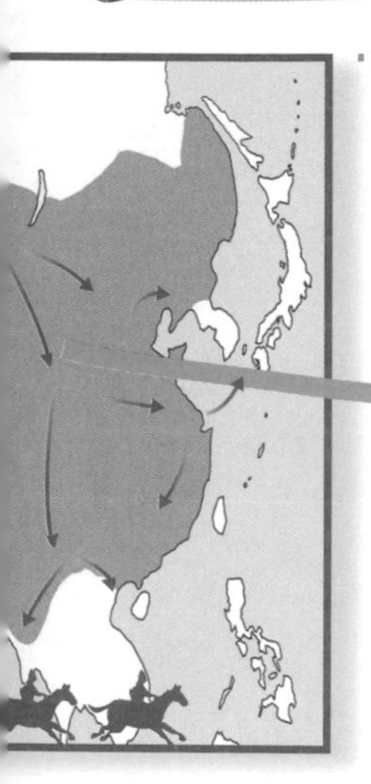

成吉思汗的兒子窩闊台滅金，孫子忽必烈則滅了南宋，完成統一……

忽必烈「薛禪汗」

忽必烈曾出兵日本，但以失敗告終（史稱蒙古襲來、元寇）。

蒙古「強大的祕密」在於「中央集權軍制」、「出色的機動力」及「高度情報蒐集能力」。

鐵木真成為蒙古帝國初代皇帝，獲得「成吉思汗」的稱號。

成吉思汗

成吉思汗死後，其後代子孫繼續擴張領土。

二代皇帝窩闊台汗

蒙古帝國

成吉思汗之孫拔都出兵攻打西方，在萊格尼察戰役中擊敗德意志與波蘭的聯軍！

拔都緊接著收到皇帝的死訊，於是決定撤兵。當時蒙古軍若沒有撤退，歐洲也許會被攻占。

成吉思汗之孫旭烈兀攻入巴格達城，消滅阿拔斯王朝。

欽察汗國

察合台汗國

伊兒汗國

蒙古帝國橫跨中國、俄羅斯、伊朗，建立空前絕後的大帝國，但隨後就分裂成多個國家。

34……元朝至明朝

何者再次建立強大的「統一王朝」？

到了西元14世紀，明朝取代元朝。明朝的初代皇帝朱元璋出身貧農家庭，是中國自漢朝創始者劉邦以來第二位農民皇帝。自此，明朝延續了270年以上的榮華盛世。

約西元1300年～1644年

西元14世紀以後，中國飢荒問題不斷，再加上漢人愈發不滿受蒙古人統治，社會局勢開始混亂……

西元1351年，爆發大規模的農民起義事件，史稱紅巾之亂。

Water Margin

水滸傳

貧農出身的朱元璋在起義中嶄露頭角，成為反叛軍的重要人物……

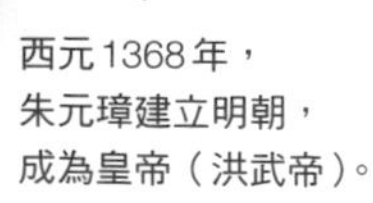

西元1368年，朱元璋建立明朝，成為皇帝（洪武帝）。

不久後，明朝將元朝皇帝趕到蒙古……

明朝統治時期，人民受北方蒙古人（北虜）、沿岸海賊商人（南倭）的侵擾所苦……
蒙古人
（北虜）
明
海賊商人（南倭）
因此修築萬里長城……

明朝要求日本控管倭寇，同時展開貿易往來（明日貿易、勘合貿易）。
足利義滿
Great Wall
此外，明朝不僅建立了紫禁城……
皇帝掌握強權，
建立統一王朝。
萬里長城

還出現《水滸傳》、
《西遊記》等故事創作。
明

哪些國家先後統一了「朝鮮半島」？

朝鮮半島因地理位置的緣故，與日本、中國的關係密切。本篇將簡單介紹朝鮮半島的歷史變遷，瞭解其與日本、中國的關係，以及從小國分立到統一王朝的過程。

約西元4世紀～16世紀

這裡開始，回頭看看朝鮮半島的情況吧！

直到西元4世紀以前，朝鮮半島都尚未形成完整的國家……

高句麗

漢朝侵略朝鮮半島北部。

馬韓
有54～56小國。

漢朝侵略朝鮮半島北部。

弁韓
有12小國。

約西元4世紀起，朝鮮半島形成三國並立的情勢。

高句麗

高句麗南下，統治北部。

百濟　新羅　伽耶諸國

南方維持小國分立的局勢。

當時，朝鮮半島各國與日本關係密切。西元6世紀，佛教從百濟傳入。

唐　新羅

約西元7世紀，新羅與唐朝結盟，開始侵略他國。

西元663年，日本為了支援百濟而出兵，對抗唐朝與新羅的聯軍，最後戰敗（白江口之戰）。

西元676年，新羅終於統一大部分的朝鮮半島。

然而，西元9世紀開始，新羅政治體制陷入混亂……

西元936年，高麗統一朝鮮半島。

然而，西元13世紀，高麗成為蒙古帝國（元朝）的從屬國，與元朝一起派軍攻打日本（蒙古襲來）。

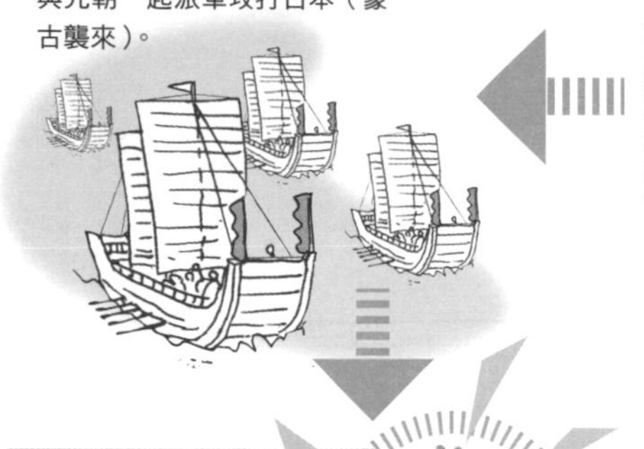

到了西元14世紀末期，李成桂因擊退倭寇而聲名大噪，建立了朝鮮王朝。

然而，西元16世紀，日本的豐臣秀吉出兵攻打朝鮮……

朝鮮因海軍的優異表現及明朝援軍的協助，成功阻止日本侵略。

36……收復失地運動

哪股勢力在哪個地區展開「收復失地運動」？

伊斯蘭勢力掌管伊比利半島後，基督教國家的人民並未就此保持沉默，而是耗時近800年的時間，逐漸從伊斯蘭勢力的手中收回國土。

西元718年～1492年

接下來，將目光轉向伊比利半島吧！西元8世紀時，伊比利半島受到伊斯蘭勢力統治。

熙德

但後來，基督教國家逐步展開反擊。

西元722年，佩拉約王帶領軍隊，在科瓦東加戰役中贏得首次勝利。

西元1031年，後奧瑪雅王朝因內鬥等問題而滅亡，分裂成小國……

阿方索六世和英雄熙德等人立下赫赫戰功。

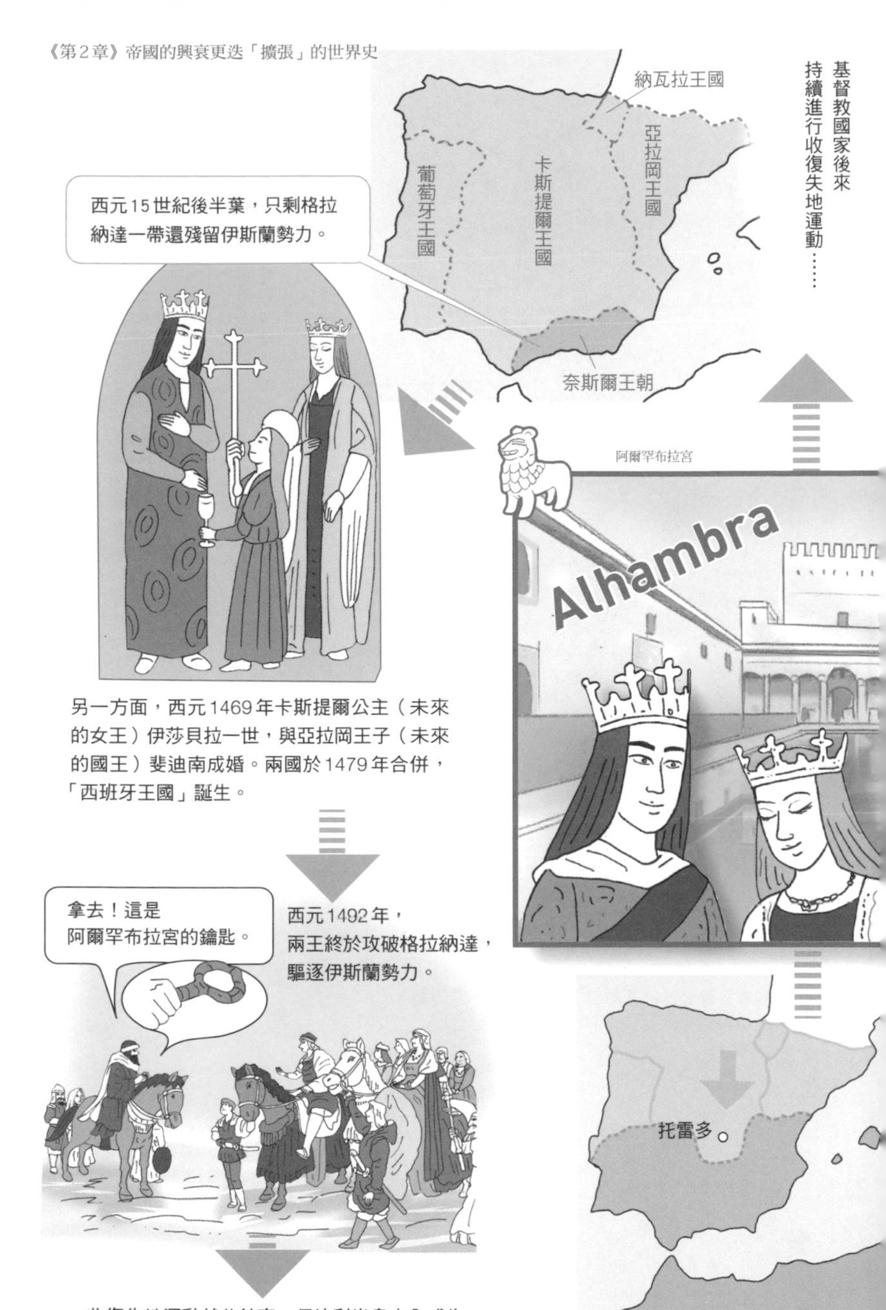

收復失地運動就此結束，伊比利半島完全成為
基督教國家的統治地。

托雷多等地也變成基督教國家
的領土。

▼37……大航海時代

大航海出於什麼「理由」展開，又是從何地開始？

馬可・波羅的《東方見聞錄》喚起西方人對東方世界的憧憬，加上航海技術進步、傳播基督教的念頭加深（此即展開收復失地運動的動機之一）……多方原因促使歐洲於西元15世紀展開大航海時代。

西元15世紀～17世紀

收復失地運動完成後，伊比利半島各國對「傳播基督教」、「與他國貿易往來」的熱情並未消退。
大航海時代
開始！
E
S

西元1492年，哥倫布在西班牙王室的資助下抵達美洲。

哥倫布

西元1498年，葡萄牙的瓦斯科・達伽馬行經好望角，抵達印度……

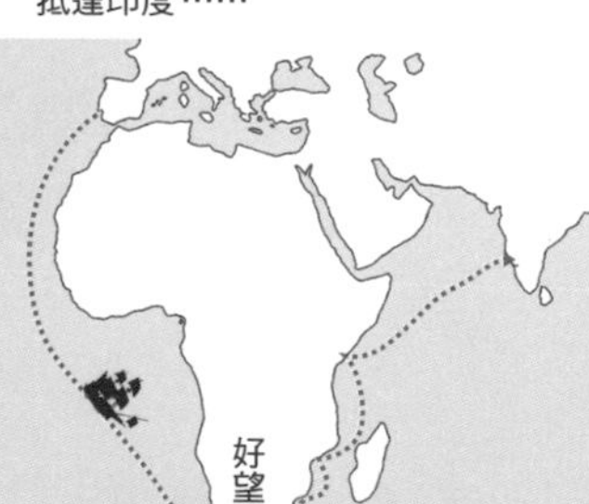

瓦斯科・達伽馬

大航海時代末期的貿易，
為西班牙和葡萄牙帶來財富，
然而其作法……

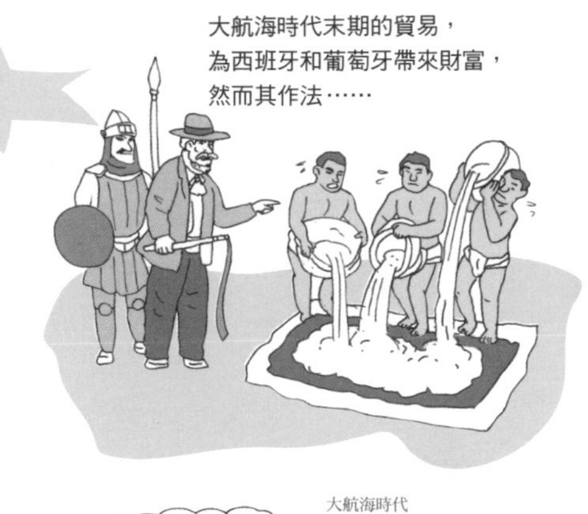

對當地人很殘忍……

其強硬手段，摧毀了印加帝國
和阿茲特克帝國……

順帶一提，大航海時代也對日本
帶來巨大的影響。

葡萄牙人將槍砲
引進日本……

西元1522年，葡萄牙的麥哲倫船隊
成功繞地球一周。

方濟・沙勿略開始宣揚基督教。

方濟・沙勿略

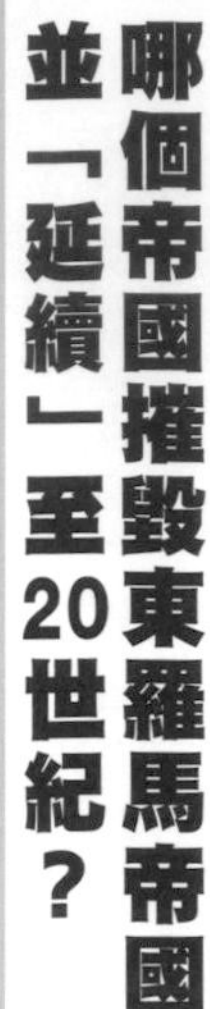

38……鄂圖曼帝國

哪個帝國摧毀東羅馬帝國，並「延續」至20世紀？

西元1453年，鄂圖曼帝國消滅東羅馬帝國（拜占庭帝國）。自此，拜占庭帝國的首都君士坦丁堡改稱為伊斯坦堡，成為蓬勃發展的鄂圖曼帝國首都。

西元1299年～1922年

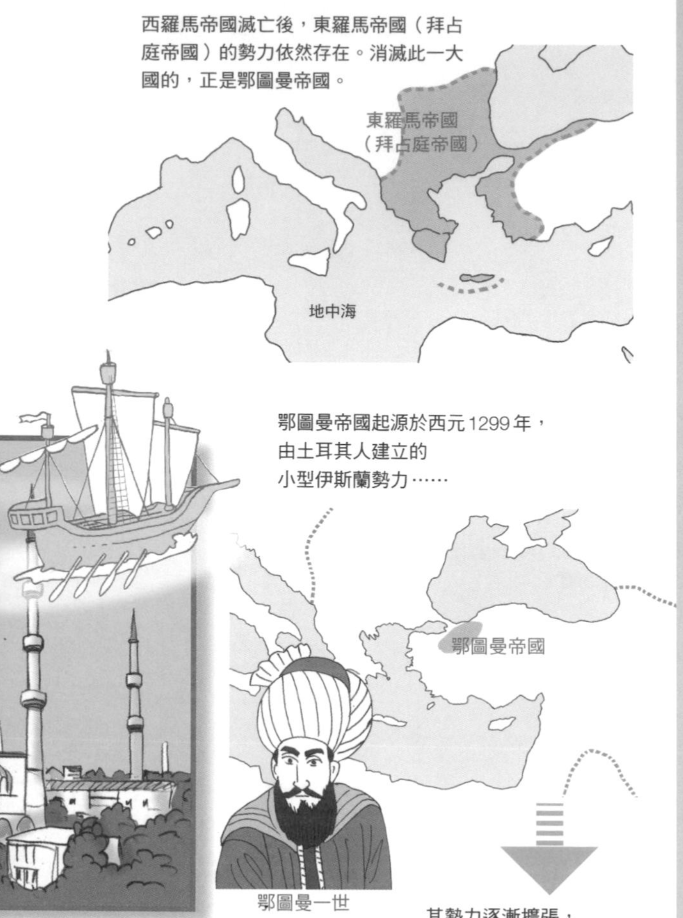

其勢力逐漸擴張，開始侵略巴爾幹半島。

雖然曾敗給帖木兒帝國而陷入混亂，但不久便東山再起……

黑海

鄂圖曼帝國

東羅馬帝國（拜占庭帝國）

鄂圖曼帝國

鄂圖曼帝國的近衛步兵軍團「耶尼切里軍團」

西元1453年，艦隊翻山越嶺展開突襲，終於消滅東羅馬帝國。

Suleymaniye Mosque

Ottoman Empire

鄂圖曼帝國

蘇萊曼尼耶清真寺

鄂圖曼帝國隨後也持續猛攻，到了蘇里曼一世的時代……

包圍神聖羅馬帝國的首都維也納……

在普雷韋扎海戰中戰勝西班牙與威尼斯的艦隊，震撼歐洲。

鄂圖曼帝國在西元14世紀前半葉達到全盛期。

後來卻在勒班陀戰役中戰敗，再加上其他原因，導致帝國開始衰退……

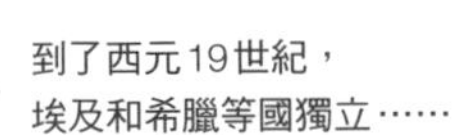

到了西元19世紀，埃及和希臘等國獨立……

但鄂圖曼帝國仍是延續至西元20世紀……

最後一名皇帝才離開宮殿。

39……文藝復興

為什麼文藝復興從「義大利」開始興起？

西元14世紀起，義大利出現文藝復興運動，到16世紀時傳至歐洲各地。此時的思想與藝術脫離了天主教教會的權威，人文主義（人類主義）蓬勃發展。

西元14世紀～16世紀

西元14世紀的義大利發展出新的藝術與思想運動。

文藝復興

文藝復興運動起因於過往複雜的歷史事件，並在義大利開花結果。

十字軍東征→帶動東西方交流
受到伊斯蘭等文化刺激，加上出現了因貿易致富的贊助人。
人們脫離以神或教會為核心的中世紀世界觀，解放人性的藝術與思想蓬勃發展，古希臘和古羅馬的文藝成為典範。
達文西
文藝復興三巨匠
米開朗基羅
拉斐爾

鄂圖曼帝國發展→拜占庭帝國衰退

拜占庭帝國的知識份子移居義大利。

黑死病和百年戰爭等社會動盪

促使人們思考生死等議題。

古羅馬的文化遺產

留下出色的文化遺產。

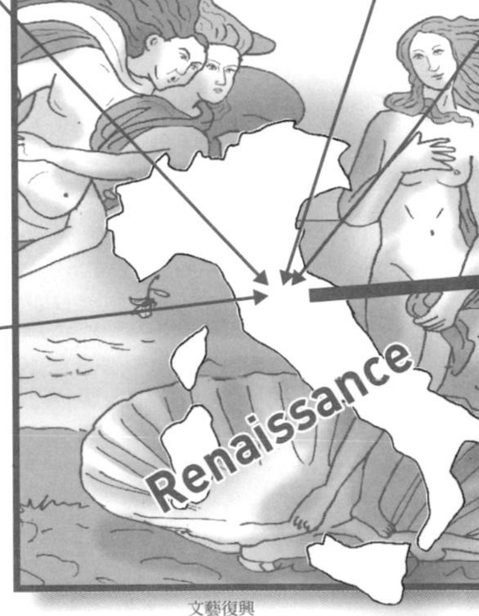

Renaissance

文藝復興

可是地球依然在轉動！
伽利略

但丁

莎士比亞

科學、文學、思想

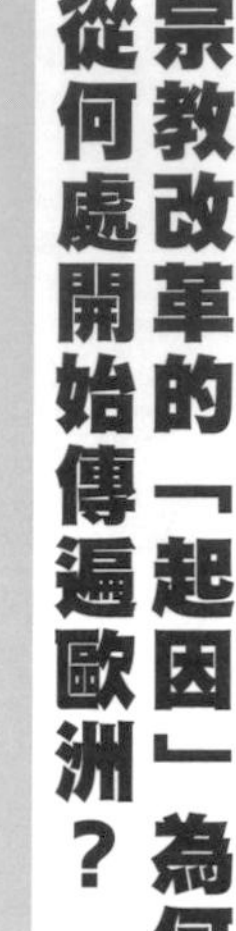

40……宗教改革

宗教改革的「起因」為何？從何處開始傳遍歐洲？

馬丁・路德與天主教教會對立，發表《九十五條論綱》來批判教會發放贖罪券的行為。自此爆發宗教改革，新興的基督新教逐漸壯大。

約西元1517年～1559年

西元16世紀初期，教會發行贖罪券（赦罪符）。

付錢

發放贖罪券

多做善事，就能赦免罪罰。

贖罪券（赦罪符）

德意志的馬丁・路德對此提出批判。

做善事無法拯救靈魂，唯有相信基督的福音才能得救。

以此為導火線，反對天主教教會的行動愈演愈烈。

神父

Father

Catholic

天主教

宗教改革開始！

此外，聖經是以希臘文和拉丁文撰寫，以往只有神職人員看得懂。於是馬丁・路德將其翻譯成德文。

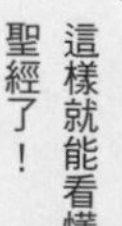

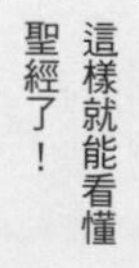

這樣就能看懂聖經了！

另一方面，約翰・喀爾文在日內瓦宣揚的認可追求利益的教義逐漸傳開。

基督新教

新教（基督新教）的行動受到舊教（天主教）的阻撓（迫害）……

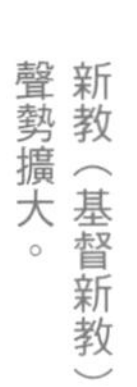

新教（基督新教）聲勢擴大。

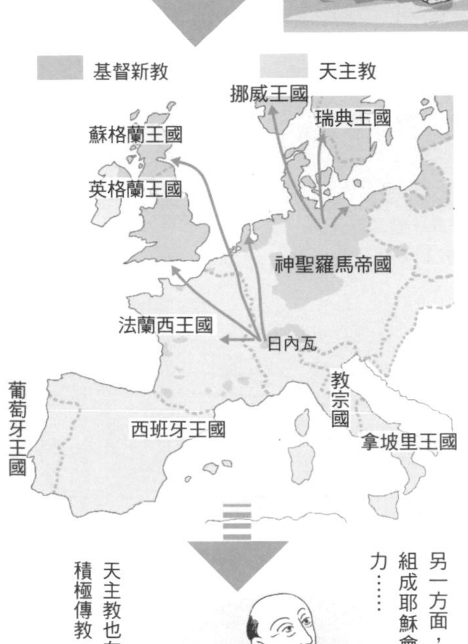

另一方面，舊教（天主教）組成耶穌會，試圖重整勢力……

天主教也在亞洲積極傳教。

方濟・沙勿略即是耶穌會的創始成員之一。

此外，由於天主教教會不允許國王離婚，英格蘭國王與天主教教會之間的矛盾加劇。

伊莉莎白一世時期，確立了英格蘭國教的教會制度。

41 …… 胡格諾戰爭、三十年戰爭

「新教與舊教」的戰爭，何者得勝？

宗教改革引發了各地紛爭。法蘭西爆發胡格諾戰爭，戰後國家整合、強化王權。另一方面，神聖羅馬帝國則在三十年戰爭後沒落，陷入分裂危機。

西元1562年～1648年

新教（基督新教）與舊教（天主教）之間的矛盾，引起各種紛爭。

法蘭西的新教喀爾文派「胡格諾」勢力壯大……

卻於西元1562年，在星期天的禮拜途中遭舊教派屠殺。

這起事件成為導火線，引爆內亂「胡格諾戰爭」！

胡格諾戰爭

French Wars of Religion

戰爭期間，甚至發生「聖巴托羅繆大屠殺」等悲劇事件。

戰爭持續30年以上。

另一方面，神聖羅馬帝國（德意志）的舊教派皇帝對新教派施壓……

斐迪南二世

西元1618年，波希米亞地區發生叛變。

這起叛亂引發了「三十年戰爭」！

新教派	舊教派
丹麥	神聖羅馬皇帝
新教派	西班牙
瑞典	傭兵部隊

其他國家也紛紛加入戰局，分為舊教派和新教派……

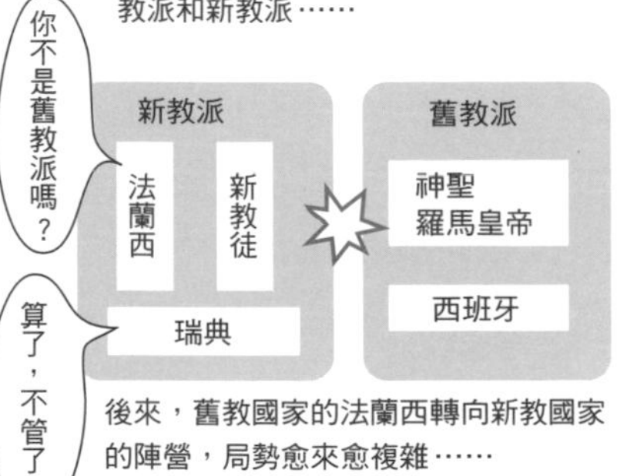

後來，舊教國家的法蘭西轉向新教國家的陣營，局勢愈來愈複雜……

歷經30年，戰爭終於結束。

結果神聖羅馬皇帝的力量削弱，神聖羅馬帝國（德意志）就此沒落。

三十年戰爭

不久後，繼承王位的亨利四世從新教改信舊教。隨後頒布《南特詔書》，承認胡格諾派的信仰自由，終結戰爭。

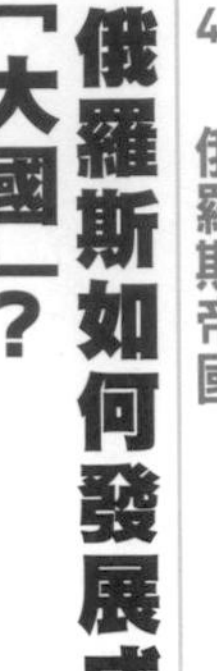

曾被蒙古統治（韃靼枷鎖）的莫斯科大公國，最終成功獨立並擴張領土。彼得大帝時期開始西歐化，逐步轉型為大國──「俄羅斯帝國」。

約西元1462年～1725年

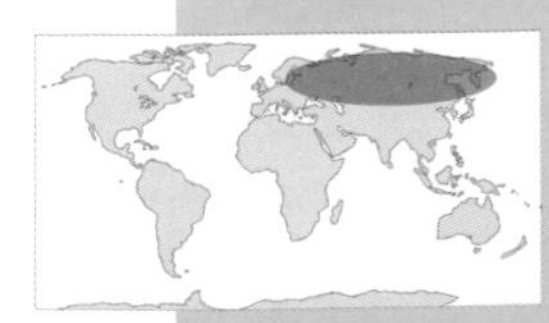

本章的最後，將梳理俄羅斯帝國的歷史。
拉普捷夫海
西元15世紀中期前，俄羅斯只是蒙古統治下的小勢力……
黑海
莫斯科
伊凡三世朝東北擴張領土，脫離蒙古並完成獨立。
黑海
Church of the Ascension
其孫子伊凡四世繼續擴大版圖，加強中央集權。
伊凡四世死後，內亂持續了一段時間……

耶穌升天教堂

西元1613年，米哈伊爾‧羅曼諾夫在會議中被選為皇帝……

羅曼諾夫王朝開始，
逐漸強化專制政治。

米哈伊爾‧羅曼諾夫的孫子彼得一世……

親自前往西歐各國視察，

並開始西歐化改革。

一切仿效西歐！
把鬍子剪掉！
我付鬍鬚稅，
饒了我吧！

與此同時，朝西伯利亞擴張版圖……

在大北方戰爭中打敗瑞典，取得波羅的海的霸權。

俄羅斯帝國因此
發展成大國。

Column 2

第2章 此時的日本

100年▶
200年▶
300年▶
400年▶
500年▶
600年▶
700年▶
800年▶
900年▶
1000年▶
1100年▶
1200年▶
1300年▶
1400年▶
1500年▶
1600年▶

羅馬帝國
日耳曼人大遷徙
法蘭克王國
西歐諸國
收復失地運動
文藝復興
宗教改革
伊斯蘭帝國
蒙古帝國
大航海時代

東漢
三國
西晉
五胡十六國
南北朝
隋
唐
五代十國
北宋
金、南宋
元、蒙古帝國
明

卑彌乎遣使
遣隋使
遣唐使
宋日貿易
蒙古襲來
明日貿易
槍砲、基督教傳入

彌生時代
古墳時代
飛鳥時代
奈良時代
平安時代
鎌倉時代
室町時代
戰國、安土桃山時代

■開始形成國家

日耳曼人在歐洲建國時，日本興建了大量古墳，並形成大和政權，也就是後來的朝廷。不久後，聖德太子、天智天皇、藤原氏等人管理朝廷，將東北至九州納入版圖。期間派遣隋使和遣唐使，並與波斯、印度等文化交流，日本因此被稱為「絲綢之路的終點」。
直至平安時代才廢除遣唐使，開始發展華麗的國風文化。

■從貴族到武士的時代

西元12世紀末期，源賴朝在源平合戰中獲勝，建立鎌倉幕府。武士時代正式拉開序幕。
不久後，蒙古帝國席捲全世界，日本也出兵抵抗（史稱蒙古襲來、元寇）。鎌倉幕府擊退蒙古人，成功阻止蒙古帝國擴大勢力。

■接觸西方

世界進入大航海時代的時候，日本正處於戰國時代。此時發生的大事，即是葡萄牙和西班牙將槍砲和基督教傳入日本。

《第3章》——戲劇性的弱肉強食「侵略」的世界史

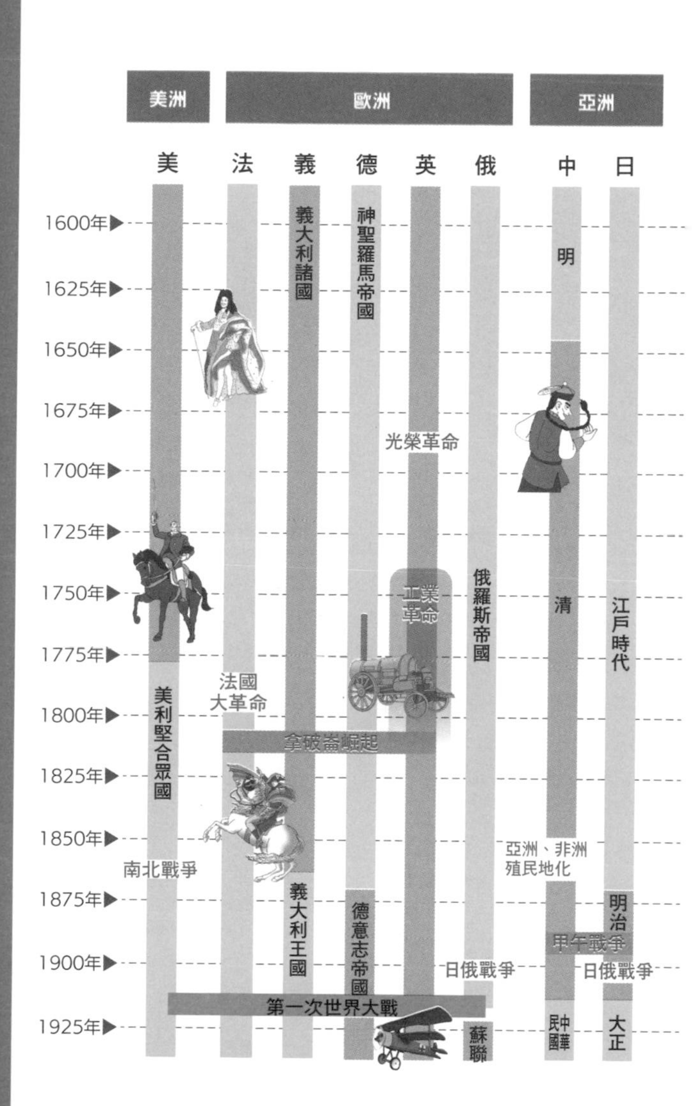

43……專制主義

「支持」君主制的其中一項主因為何？

西元16世紀～18世紀，歐洲出現由國王掌握大權的君主專制，原因之一即是統一國家有利於貿易發展。與此同時，各國開始積極地取得殖民地。

西元16世紀～18世紀

西元16世紀～18世紀，歐洲出現強化王權的君主專制體制。

King

King

西班牙

西班牙在大航海後取得中南美洲殖民地……

菲利普二世在位期間，西班牙於勒班陀戰役中擊敗鄂圖曼帝國，迎來最強盛的時期。

英格蘭

英格蘭因擊敗西班牙的無敵艦隊，提升國際地位。

當時的君王是「童貞女王」伊莉莎白一世。

法蘭西

不久後，法蘭西王國的路易十四即位。

西元17世紀～18世紀，俄羅斯的彼得大帝開始富國強兵。

神聖羅馬帝國在三十年戰爭後，陷入多國分立的局面……

哈布斯堡家族以奧地利為據點，保住神聖羅馬皇帝及歐洲貴族的地位。

另一方面，普魯士逐漸累積實力。

專制主義

路易十四留下這句名言，建造凡爾賽宮。

各國積極進攻海外，不斷爭奪殖民地。

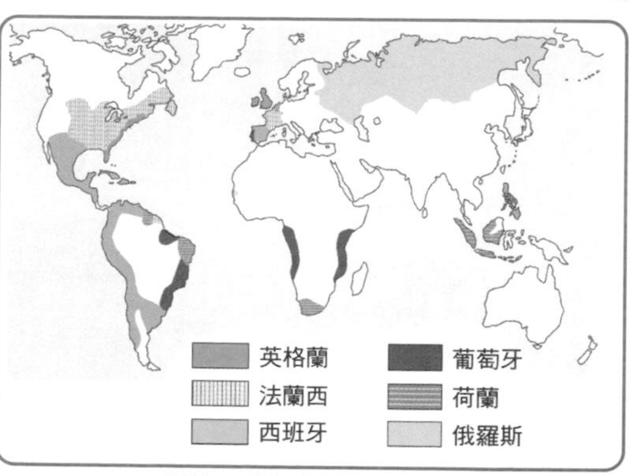

西元17世紀後半葉的海外侵略情況

44……英國革命

「象徵」英國政治體制的名言為何？

西元17世紀，英國推翻君主專制，為實現近代公民社會而發動革命。歷經兩次革命後，確立了議會主權及君主立憲制。「君主為國家元首，但不治理國事」即象徵此一制度。

約西元1603年～1689年

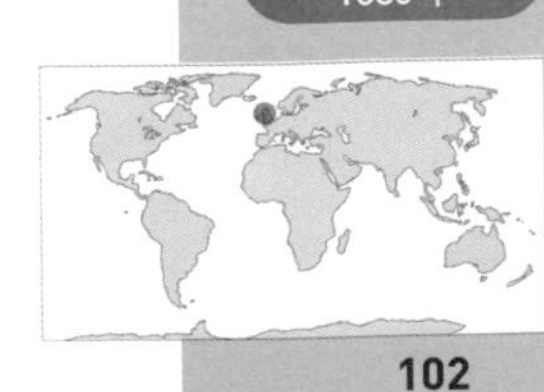

伊莉莎白一世死後，詹姆士一世於西元1603年即位，採行專制政治。
君權神授！
其子查理一世秉持相同態度。
無視議會！
喜歡增稅！
鎮壓喀爾文教派（清教徒）！
清教徒眾多的議會和人民忍無可忍……
西元1642年，衝突演變成內戰。
保皇派
議會派
克倫威爾等人積極反抗，議會派獲勝。
光榮革命
Glorious Revolution

最後，查理一世遭到處刑……
英國史上第一個無君主的共和制開始。
Puritan Revolution
清教徒革命
清教徒革命
然而，克倫威爾在共和制下，施行獨裁政治……
人民的不滿再次升高。
克倫威爾死後，恢復君主制。
可惡～
由遭處刑的查理一世之子繼位。
詹姆士二世
果不其然！
君王隨即加強專制，與議會對立。
議會
哎呀～
於是議會邀請了荷蘭總督威廉一世之孫威廉三世，威廉三世率軍入主英國。
詹姆士二世惶恐不安，不戰而逃。
議會
威廉三世與妻子稱王，從此確立以議會主權為基礎、「君主為國家元首，但不治理國事」的君主制。
光榮革命

▼45……大清帝國的建立

推翻明朝的新帝國如何「施政」？

歐洲興起資產階級的革命運動時，中國的明朝被推翻，清朝（大清帝國）勢力擴大。清朝是以女真（滿洲）族為主體的帝國，引進辮髮等不同以往的風俗習慣。

約西元1616年～1800年

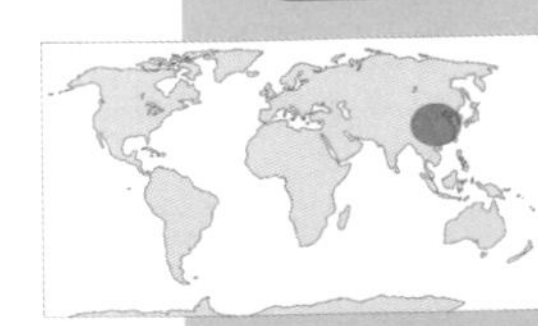

中國的明朝滅亡、清朝崛起，此時正值英國爆發革命、法蘭西的路易十四即位。
康熙皇帝
明末發生政治鬥爭和農民叛亂，國政搖搖欲墜。
Pigtail
辮髮
另一方面，東北部女真（滿洲）族崛起。西元1616年，努爾哈赤建立後金（未來的清朝）。
清
明朝武將吳三桂投降滿清……
西元1644年，李自成率反抗軍滅明。

不久，清朝鎮壓吳三桂等人的叛變……
吳三桂
將廣大的勢力範圍區分為直轄地、藩部、屬國。
直轄地
藩部
屬國
清朝女真（滿洲）族沿用科舉、儒學等中國傳統制度……
但強迫漢人剃髮留辮，遵從滿洲的習俗。
Hong lou meng
紅樓夢
清
清朝和吳三桂打敗李自成，占領北京。

46 工業革命

為何「英國」是最早發生工業革命的國家？

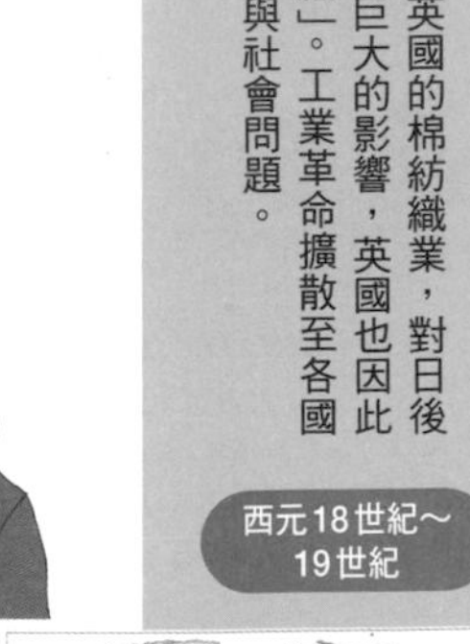

工業革命的起源為英國的棉紡織業，對日後的經濟與社會帶來巨大的影響，英國也因此被稱為「世界工廠」。工業革命擴散至各國後，引發各種勞動與社會問題。

西元18世紀～19世紀

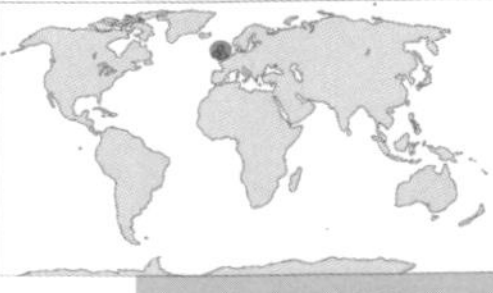

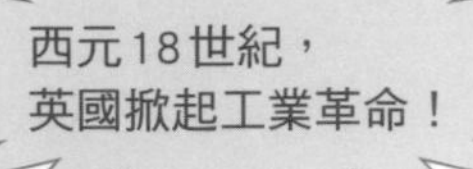

首先是棉紡織業。約翰・凱發明了「飛梭」後，促使棉紡織品大量生產。

由英國開始工業革命的原因：
- 「資本額」與「科學技術」較高。
- 具備「殖民地」市場。
- 農民流入都市，具備大量「勞動力」。

但作為原料的棉線供不應求……

於是哈格里夫斯、阿克萊特、克朗普頓等人，相繼研發出提高棉線生產率的機器。

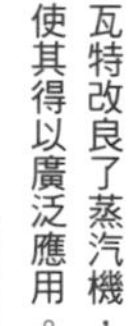

瓦特改良了蒸汽機，使其得以廣泛應用。

人類成功製造出穩定的動力！

蒸汽火車、蒸汽船等發明，則使大規模運輸得以實現。

各項發明提高了生產效率，開始建造大規模的工廠……

工業革命

Industrial Revolution

工業革命使英國與歐美各國提升國力……

但勞工開始抗議「機器取代人力」，加上環境問題惡化……

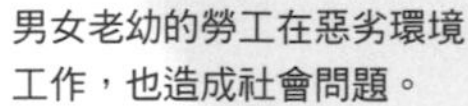

男女老幼的勞工在惡劣環境工作，也造成社會問題。

棉紡織業方面，卡特賴特研發出蒸汽紡織機。

47……七年戰爭

影響歐洲各國的「奧地利王位繼承戰爭」如何發展？

德意志爆發奧地利王位繼承戰爭和七年戰爭，殃及歐洲各國，造成大規模紛爭。戰爭不僅促使普魯士崛起，並對日後造成深遠影響。

約西元1740年～1763年

三十年戰爭後，神聖羅馬帝國分裂……

普魯士在奧地利之後崛起。

普魯士國王腓特烈・威廉一世

其子腓特烈二世

以奧地利為據點的神聖羅馬帝國皇帝，哈布斯堡家族的查理六世

交給你囉！

好的！

瑪麗亞·特蕾莎

西元1740年，查理六世去世，
由女兒瑪麗亞・特蕾莎繼承哈布斯堡家族……

普魯士提出反對，
當時普遍由男性繼承皇位
為其反對原因之一。

衝突演變成
牽連他國的戰爭。

法蘭西
巴伐利亞
普魯士
薩克森
西班牙

奧地利
英國

奧地利王位繼承戰爭

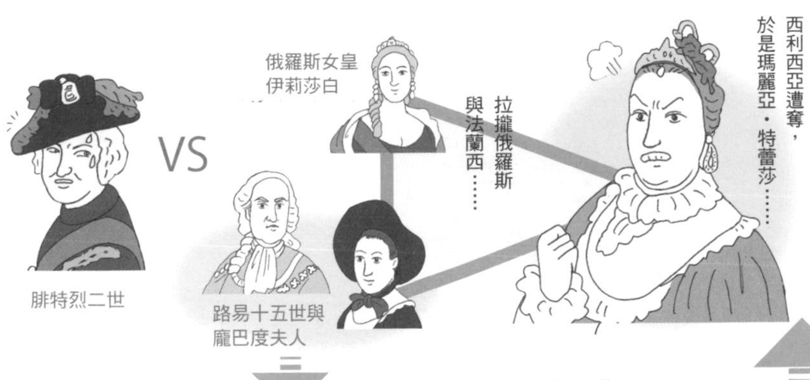

瑪麗亞・特蕾莎的繼承權最終受到承認，但普魯士奪走了奧地利肥沃的土地「西利西亞」。

奧地利與普魯士再次開戰。

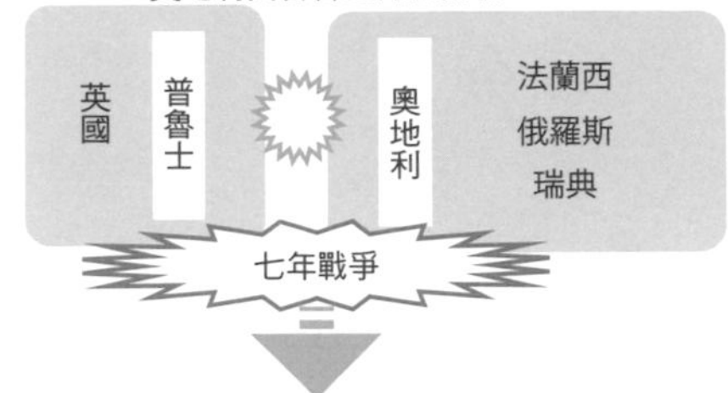

普魯士歷經苦戰，總算逃過一劫，保住了西利西亞。

此外，與此同時，英法正在美洲開戰。

英法北美戰爭

英國獲勝，在美洲取得優勢……

這些戰爭導致各國財政困難。

48……美國獨立戰爭

美國原本是英國的「殖民地」？

戰爭造成財政惡化，英國對殖民地提高稅收，引發美國獨立戰爭。美國發表倡導「自由、平等」的《獨立宣言》並贏得戰爭，美利堅合眾國就此誕生。

美國獨立

約西元1765年～1783年

喬治・華盛頓擔任殖民地軍總司令，持續抗爭。

喬治·華盛頓

英國在約克鎮圍城戰役中戰敗……

承認美國獨立。

華盛頓成為美國首位總統，揭開美利堅合眾國的歷史序幕。

49……法國大革命

為什麼第三階級（平民）會「憤而爆發」？

受七年戰爭影響，法蘭西開始財政改革，卻激起第三階級（平民）日益累積的憤怒，導致法國大革命爆發。自此廢止王權並建立共和制，法王路易十六遭處刑。

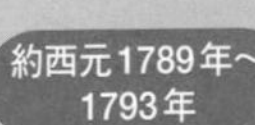

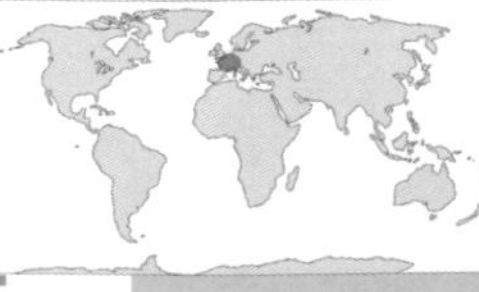

與此同時，法蘭西也因為七年戰爭和英法北美戰爭，而面臨財政赤字。

為了提高稅收，國王路易十六召集議會（三級議會）。

然而，占人民九成以上的第三階級（平民）無正當決議權，會議因此發生衝突。

第三階級發表「我們才是國民代表」宣言，成立「國民議會」……

國王對此進行武力鎮壓。

瑪麗·安東尼

法國大革命爆發！

人民奮起抵抗，襲擊巴士底監獄。

國民議會在混亂中通過宣揚「自由、平等、博愛」的《人權宣言》。

革命持續進行，女性帶領人民進軍凡爾賽鎮，將國王帶往巴黎。

不樂見革命運動的奧地利等國開始出手干預。

被波及就慘了！

而且法蘭西王妃瑪麗・安東尼還是哈布斯堡家族（瑪麗亞・特蕾莎之女）的人！

革命派襲擊國王宮殿，王權不彰。

法蘭西君主制結束，建立共和制……

國王路易十六和王妃瑪麗・安東尼遭處刑。

50……拿破崙登場

法國大革命後，「英雄」如何誕生？

法國大革命後，並未走向和平。國家持續紛亂，人民盼望英雄出現，為社會帶來安定。諷刺的是，法國大革命剛廢除王權，崛起的拿破崙卻成為皇帝。

約西元1793年～1810年

革命後的法國並未穩定。
周邊各國組織軍事同盟，包圍法國……
國內實施恐怖政治，將叛變的農民和反對派處刑。
羅伯斯比
這時，英雄出現了！名叫拿破崙・波拿巴。
拿破崙遠征義大利和埃及，立下軍功……
法國皇帝
Emperor of the French

回國後發動政變，取得政權。

拿破崙·波拿巴

拿破崙隨後頒布法國民法典《拿破崙法典》……

並受人民擁戴，成為皇帝。

軍事上，在特拉法加海戰中
敗給英國……

但仍取得巨大成功，統治了
大部分的歐洲大陸！

51……維也納體系

英雄拿破崙的「結局」為何？

拿破崙一世建立強大的帝國，勢力卻逐漸衰退，最終瓦解。法國波旁王朝復辟並建立「維也納體系」，仍然無法阻止自由主義的浪潮。

約西元1810年～1848年

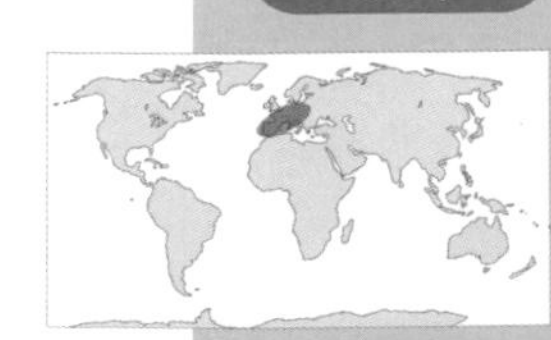

拿破崙快速進軍，卻在俄羅斯遠征中失利，自此開始走下坡。
後來在萊比錫戰役（民族會戰）中戰敗……
但是不前進！
but it does not progress.
System
維也納體系
巴黎被占領，拿破崙遭流放厄爾巴島。

各國代表共同決定未來方針，召開維也納會議……

然而，只是不斷舉行舞會，遲遲沒有得出結論。

大會在跳舞，但是不前進。

這時，出現震驚的消息！

拿破崙捲土重來，
卻在滑鐵盧戰役中戰敗……

於是被流放到更孤立的聖赫勒拿島，
在此度過餘生。

另一方面，有鑑於拿破崙回歸，維也納會議緊急召開，決定恢復法蘭西等地的君主制。

奧地利和普魯士得到領土，
但不恢復神聖羅馬帝國，
而是組成日耳曼邦聯。

日耳曼邦聯的疆界

普魯士

普魯士

奧地利

法蘭西

西班牙

法蘭西和西班牙的
皇室復辟。

然而，革命勢力並未完全消失……

法蘭西隨後又發生兩次革命，恢復共和制。

1830年 七月革命

1848年 二月革命

第二共和

自由主義、民族主義運動蔓延至歐洲各地。

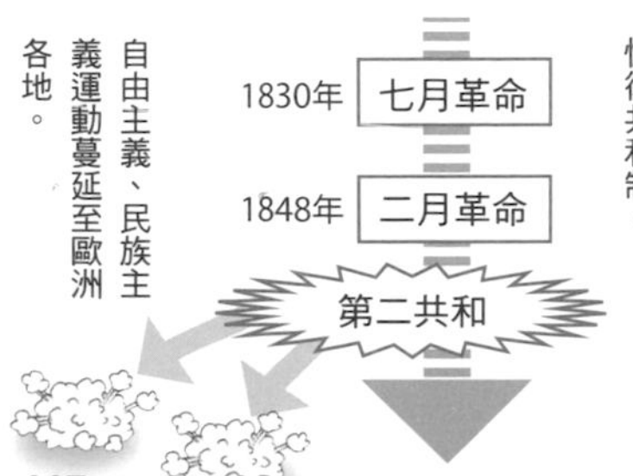

52……中南美洲獨立

促進「殖民地」獨立建國的國際趨勢為何？

大航海時代後受西班牙和葡萄牙統治的中南美洲，紛紛在西元19世紀前半葉獨立。其背後原因，包括受法國大革命及拿破崙戰爭影響，以及殖民地人民的熱情。

約西元1800年～1830年

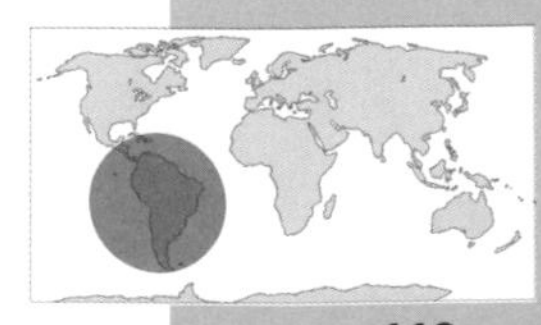

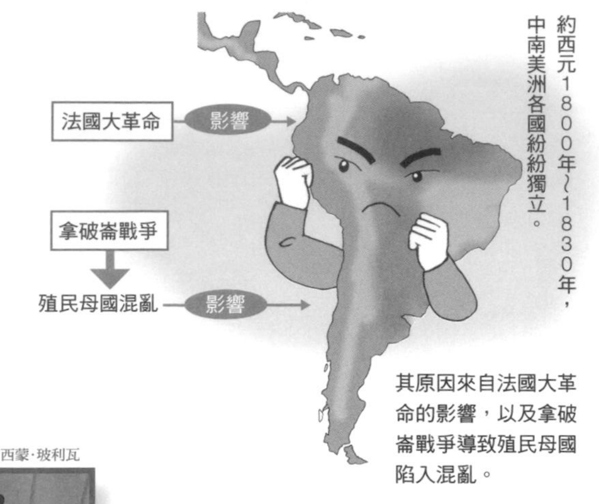

約西元1800年～1830年，中南美洲各國紛紛獨立。
法國大革命
影響
拿破崙戰爭
殖民母國混亂
影響
其原因來自法國大革命的影響，以及拿破崙戰爭導致殖民母國陷入混亂。

西蒙·玻利瓦

Simon Bolivar

Latin America

海地率先受到法國大革命影響，黑人奴隸開始反抗並發動獨立運動……

西元1804年，杜桑・盧維杜爾帶領海地成功獨立。世界第一個黑人共和國誕生。

巴西

殖民母國葡萄牙的皇室為了躲避拿破崙戰爭，移居巴西……

許多殖民地也在當地出生的白人（克里奧爾人）帶領下，紛紛發起獨立運動。

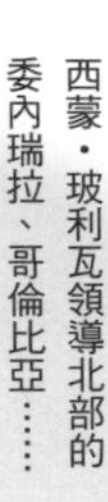

西蒙・玻利瓦領導北部的委內瑞拉、哥倫比亞……

南部的阿根廷、智利則由聖馬丁領導……

並一同領導位於中間的祕魯。

荷西·德·聖馬丁

中南美洲獨立

於是自維也納體系成立後的10年內，許多中南美洲國家陸續成功獨立。

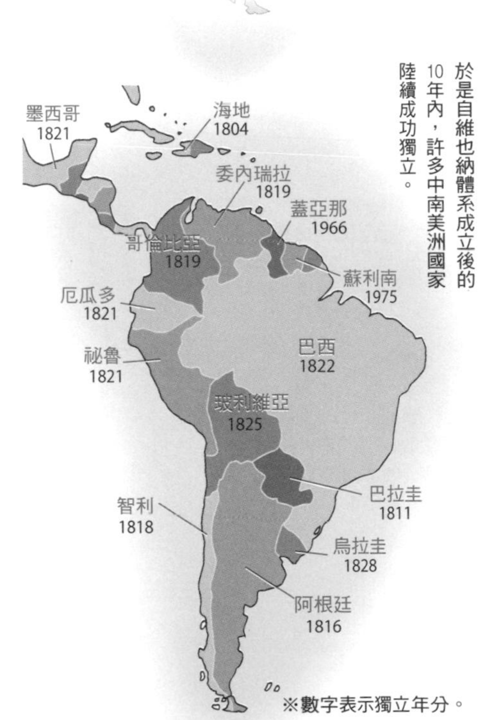

※數字表示獨立年分。

之後，葡萄牙王子留在巴西成為皇帝，於西元1822年宣布獨立。

▼53……義大利與德意志的統一

「處於分裂」的義大利和德意志，後續如何發展？

法蘭克王國分裂後，形成多個小勢力，德意志和義大利始終無法完成統一。直到西元19世紀後半葉，兩國開始邁向統一，義大利王國和德意志帝國誕生。

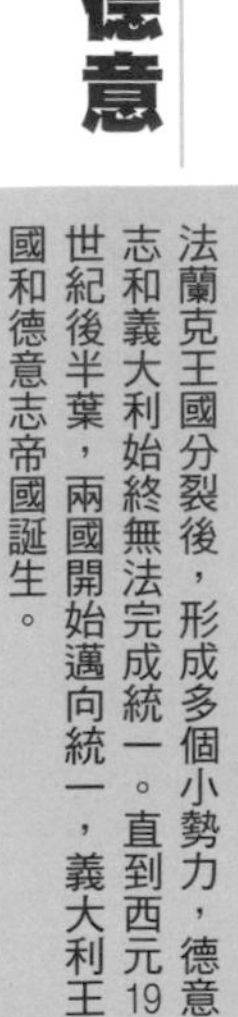

約西元1858年～1871年

義大利曾長期分裂，被法國和奧地利統治……

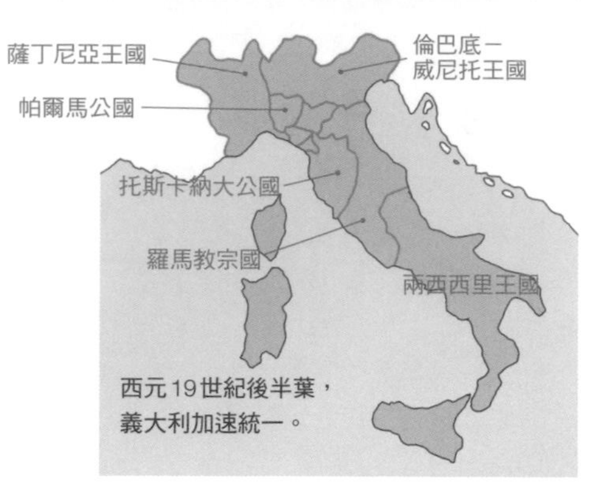

德意志方面，因長期維持鬆散的聯盟型式（神聖羅馬帝國、日耳曼邦聯等），開始出現矛盾……
西元1862年，俾斯麥成為普魯士首相……
當代的重大問題，要用鐵與血來解決！
俾斯麥提出鐵血政策，擴大軍備。
鐵＝
武器
血＝
士兵
爆發
1866年 普奧戰爭
1870年 普法戰爭
普魯士贏得勝利，帶領德意志走向統一。
西元1871年，普魯士國王成為皇帝，建立德意志帝國。

德意志
Germany

神聖羅馬帝國皇帝（哈布斯堡家族）的根據地「奧地利」並未加入。
德意志帝國
俄羅斯
奧地利
瑞士
義大利

西元1861年，義大利王國成立。
義大利
隨後合併威尼斯、教宗國，統一義大利的大部分土地。

54……西進運動與南北戰爭

美國史上最大「內亂」的原因與始末為何？

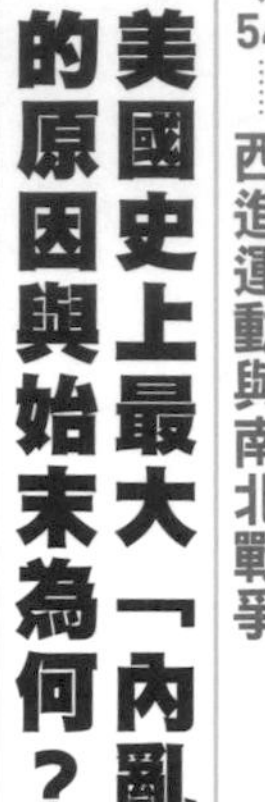

完成獨立的美利堅合眾國逐步向西擴大領土。與此同時，南北衝突加劇，並於西元1861年爆發南北戰爭。戰況極度激烈，超過60萬名士兵死亡。

約西元1783年～1865年

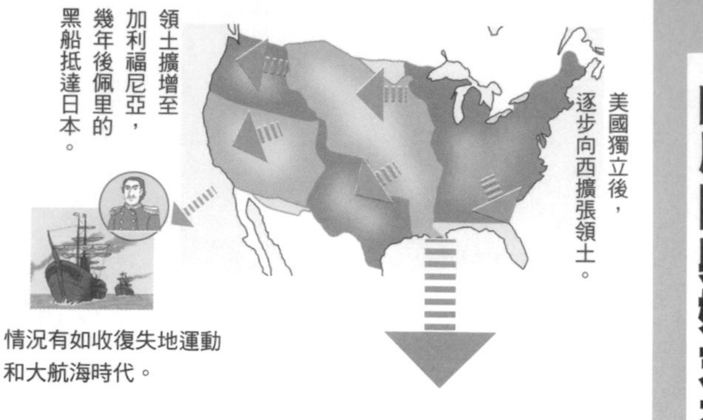

美國獨立後，逐步向西擴張領土。
領土擴增至加利福尼亞，幾年後佩里的黑船抵達日本。

情況有如收復失地運動和大航海時代。

與此同時，迫害美洲原住民，並強迫他們搬遷。

亞伯拉罕·林肯

這段期間，美國社會的南北衝突漸漸浮上檯面。

南方盛行奴隸制，藉此栽培和運輸棉花。

奴隸制是必要手段！

想要自由貿易！

廢除關稅！

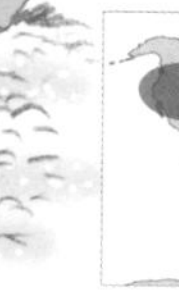

反對擴大奴隸制！
保護國內市場！
提高關稅！

北方資本主義和工商業發達，注重國內市場。

南北戰爭

反奴隸制的亞伯拉罕・林肯當選總統後……

南方各州脫離聯邦。

南北戰爭爆發。

北軍一開始深陷苦戰，但林肯發表《解放奴隸宣言》而得到國內外支持後，便逐漸占上風。

民之所有，
民之所治，
民之所享。

林肯平定激戰區，並發表宣言……

北軍勝利，南北戰爭結束……
但林肯不久就中彈而亡。

55……南亞與東南亞殖民地化

哪個國家「免於」受到歐洲列強的殖民統治？

西元19世紀，南亞（印度）和東南亞各國被歐洲國家殖民。各國極力反抗殖民統治，民亂和戰爭不斷，但最後仍是以歐洲國家獲勝收場。

約西元1820年～1895年

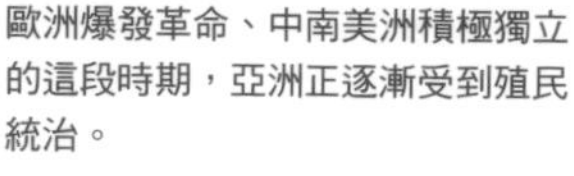

歐洲爆發革命、中南美洲積極獨立的這段時期，亞洲正逐漸受到殖民統治。

印度半島
孟加拉灣
阿拉伯海

大航海時代以來，歐洲各國便不斷進攻印度……

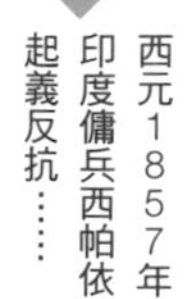

東南亞也是歐洲各國的競爭地區。

爪哇戰爭

荷蘭

爪哇人

中法戰爭

法國

清朝（中國）

越南是我的小弟！

緬甸戰役

英國

貢榜王朝

歐洲列強大獲全勝……

清

英屬印度

泰國

法屬印度支那

台灣

菲律賓

馬來聯邦

荷屬東印度

荷蘭

法國

英國

葡萄牙

西班牙

日本

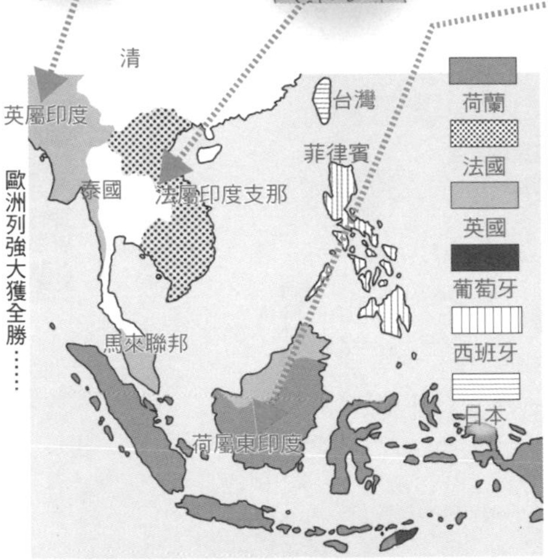

東南亞成為歐洲各國的殖民地。

殖民地化

Colonization

自此，英國直接統治印度，並於西元1877年成立印度帝國，英國女王兼任印度女皇。

維多利亞女王

英法互相交惡，唯獨泰國以巧妙的外交策略，免於受到殖民統治。

泰國

朱拉隆功（拉瑪五世）

56……清朝衰退

「瓜分」大清帝國的歐洲列強犯下哪些罪行？

西元19世紀，大清帝國的國勢開始衰退。歐洲列強接連發動鴉片戰爭、英法聯軍等戰爭進攻清朝，清朝國內也爆發太平天國之亂。

西元19世紀初～1864年

歐洲列強開始進攻大清帝國。

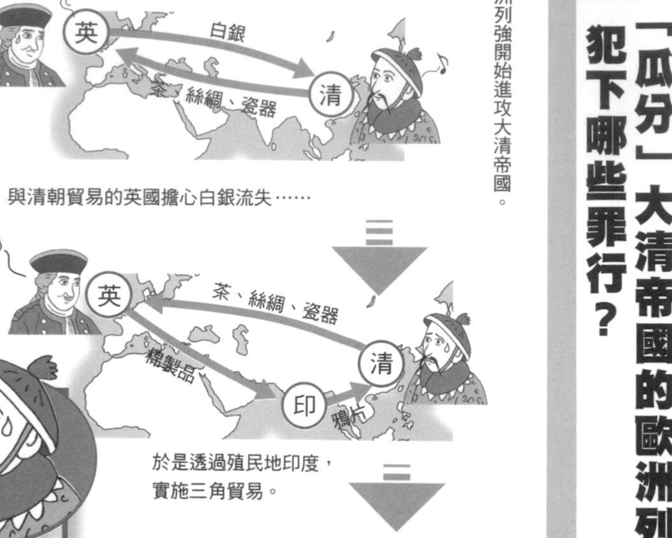

與清朝貿易的英國擔心白銀流失……

於是透過殖民地印度，實施三角貿易。

清朝反對引進鴉片……

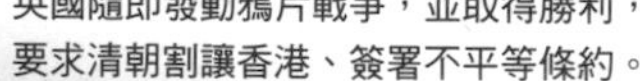

英國隨即發動鴉片戰爭，並取得勝利，要求清朝割讓香港、簽署不平等條約。

清朝國內不滿朝廷，爆發大規模民變……

太平天國之亂

南京等地險些被攻破。

太平天國之亂

英法兩國趁機聯手，發動英法聯軍之役（第二次鴉片戰爭）……

最後迫使中國簽下有利於己的條約。

後來，列強協助清朝平定太平天國之亂。

雖然成功使太平天國滅亡……

但顯而易見地，清朝已衰弱到只能任由他國擺布。

57……明治維新與甲午戰爭

「日本」在各國施壓下開國，隨後展開什麼行動？

西元19世紀後半葉，日本在各國的施壓下開國。江戶幕府垮台、新政府誕生，日本加速近代化，並朝西歐化邁進。不久便在中日甲午戰爭中獲勝，加入西歐列強勢力。

約西元1853年～1895年

這時的東亞島國日本……

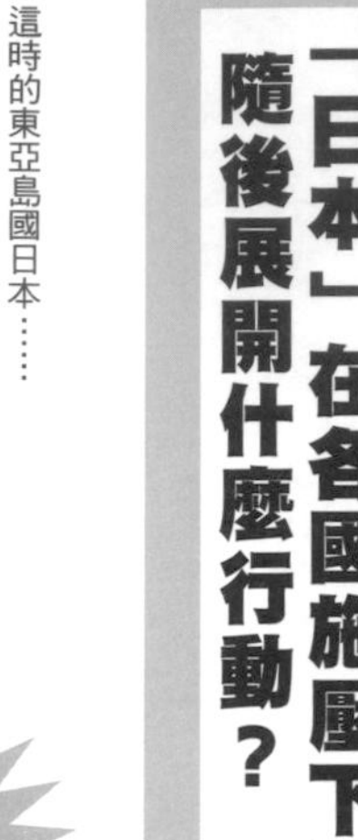

哇！

因為黑船事件，
被迫結束鎖國……

江戶幕府垮台

明治政府成立。

新政府加速近代化，
帶領日本邁向西歐化……

要求朝鮮簽署不平等條約，
在釜山等地開港通商。
元山
仁川
釜山
西元1875年，
日本引起江華島事件……
西元1894年，朝鮮發生大規模農民起義，中日雙方出兵。
中日甲午戰爭
以此為契機，
引爆中日甲午戰爭！
Sino-Japanese War
日本獲勝後取得台灣等地，成為殖民母國。
※ 表示日本的勢力範圍。
遼東半島
朝鮮
清
台灣
澎湖群島
馬關條約
目標是加入西歐列強。

58……帝國主義的發展

歐美國家對「非洲」實施何種貪得無厭的政策？

早一步經歷工業革命的歐美各國急於開拓殖民地，以獲取出口市場及資源供給地。於是，在甲午戰爭戰敗的清朝，以及非洲、太平洋地區的島國皆難逃殖民統治的命運。

約西元1850年～1910年

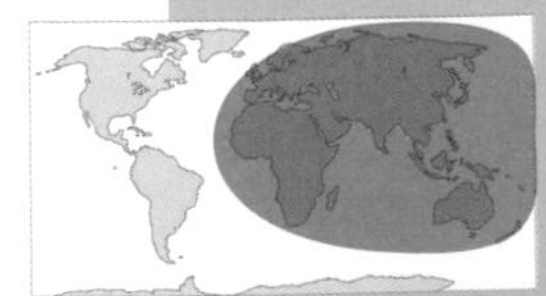

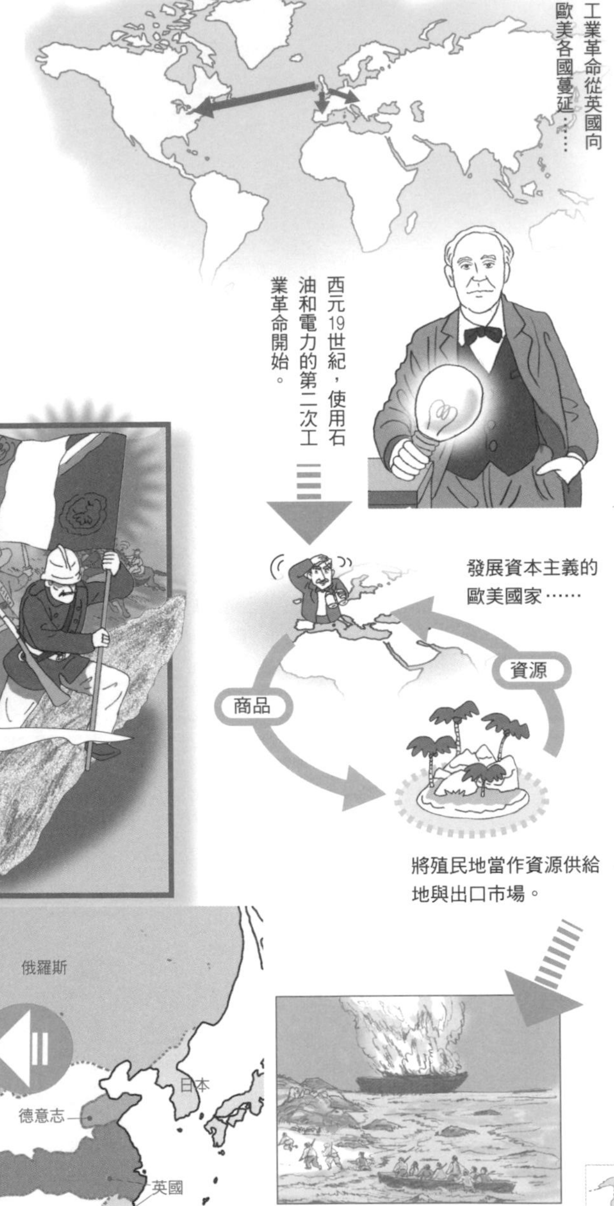

工業革命從英國向歐美各國蔓延……
西元19世紀，使用石油和電力的第二次工業革命開始。
發展資本主義的歐美國家……
資源
商品
將殖民地當作資源供給地與出口市場。
俄羅斯
日本
德意志
英國
法國
日本
美國
清朝在甲午戰爭中戰敗後，歐美列強趨之若鶩……

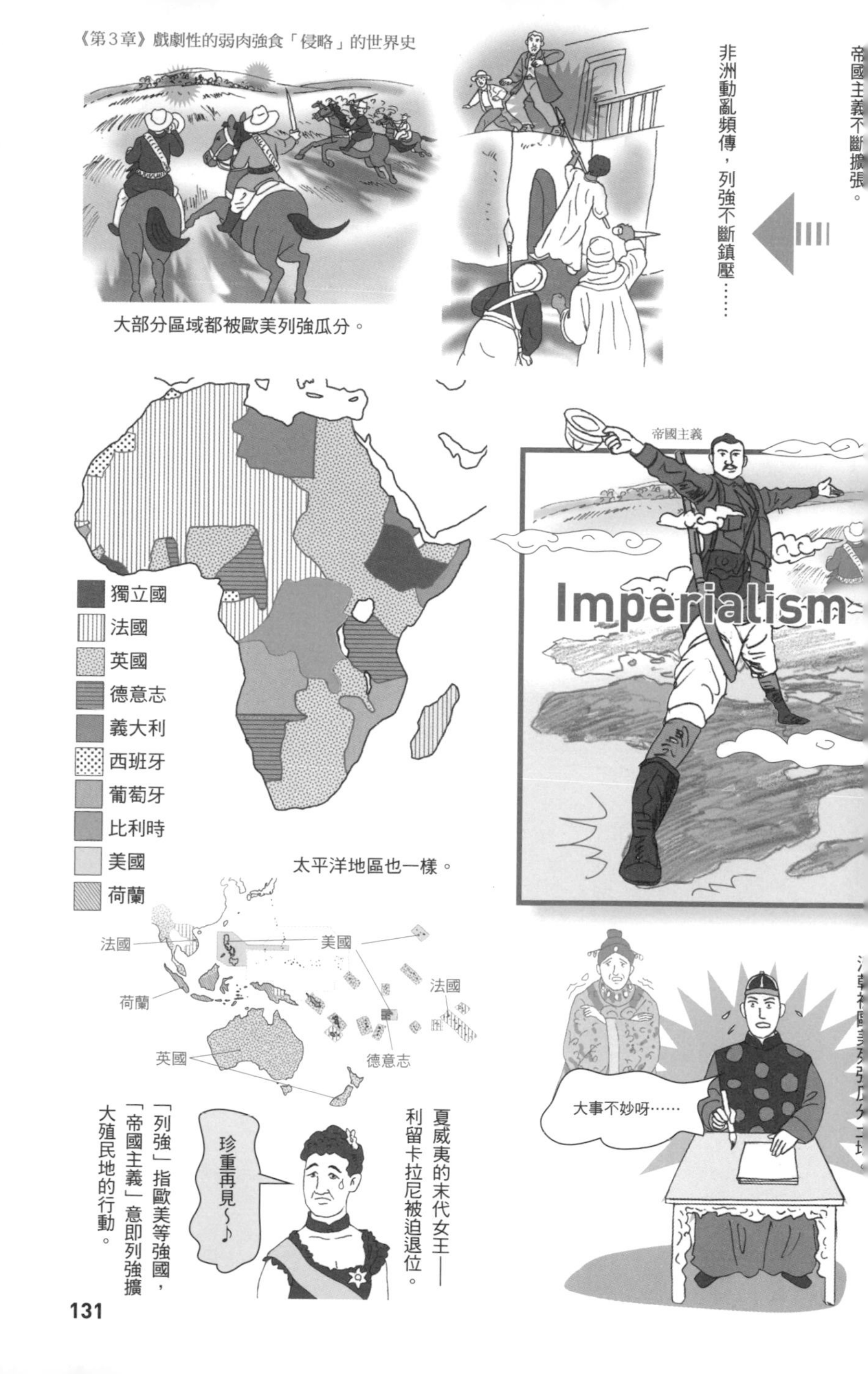
帝國主義不斷擴張。
非洲動亂頻傳，列強不斷鎮壓……
大部分區域都被歐美列強瓜分。
獨立國
法國
英國
德意志
義大利
西班牙
葡萄牙
比利時
美國
荷蘭
帝國主義
Imperialism
太平洋地區也一樣。
法國
美國
荷蘭
法國
英國
德意志
大事不妙呀……
夏威夷的末代女王──利留卡拉尼被迫退位。
珍重再見～♪
「列強」指歐美等強國，「帝國主義」意即列強擴大殖民地的行動。

59……日俄戰爭

「日本與俄羅斯」的戰爭中，哪次由日本取得勝利？

甲午戰爭結束後，俄羅斯與日本的矛盾日趨嚴重。不久爆發日俄戰爭，日本最終戰勝俄羅斯大國，亞洲各國的民族自覺意識因此提高。

西元1895年～1905年

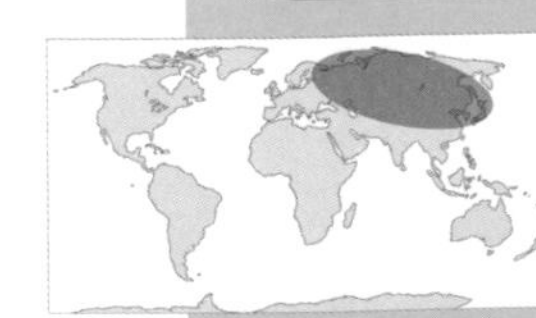

然而戰後，俄羅斯聯合德法兩國，向日本施壓，讓中國贖回遼東半島（三國干涉還遼）。

日本的反俄情緒升高。

與此同時，清朝發生反抗帝國主義國家的大規模民變「義和團事件」。

日、俄等八國出兵對抗，成功鎮壓動亂……

後來俄軍駐留中國東北，並覬覦朝鮮等地。

西元1902年，英國戒備俄羅斯南下，與日本組成英日同盟……

西元1904年日俄戰爭爆發！

雖然日本取得優勢……

但國力開始不堪負荷。

俄羅斯也因發生革命，而國情不穩……

兩國在美國總統的調解下，簽訂談和條約。

日本取得韓國的指導監督權，及遼東半島和庫頁島南部，並於西元1910年併吞韓國。

▼60……辛亥革命

「半殖民地」狀態的中國清朝發生了什麼事？

中國受列強控制而處於半殖民地狀態，最終引發革命，導致清朝政府垮台。中國的皇帝政治就此告終，但後續政情依舊不穩。

約西元1905年～1916年

中國清朝危機四伏……

西元1905年，革命領導人孫文組織多個革命團體。

此時，清朝政府將鐵路國有化……

孫文

反對聲浪引發暴動和軍事起義……

許多省宣布獨立。中華民國成立，孫文成為臨時大總統。

袁世凱

辛亥革命

清朝垮台，年僅5歲的宣統帝（溥儀）成為末代皇帝。

61 同盟國與協約國

哪些國家成為「對立核心」，使帝國主義兩極化？

歐洲各國不斷爭奪殖民地，反覆聯手或互相對抗，並逐漸走向兩極。兩大陣營分別是以德意志為首的同盟國，以及以英國為首的協約國。

約西元1882年～1914年

德意志則採行「3B政策」，串連柏林、拜占庭（伊斯坦堡）與巴格達的鐵路。

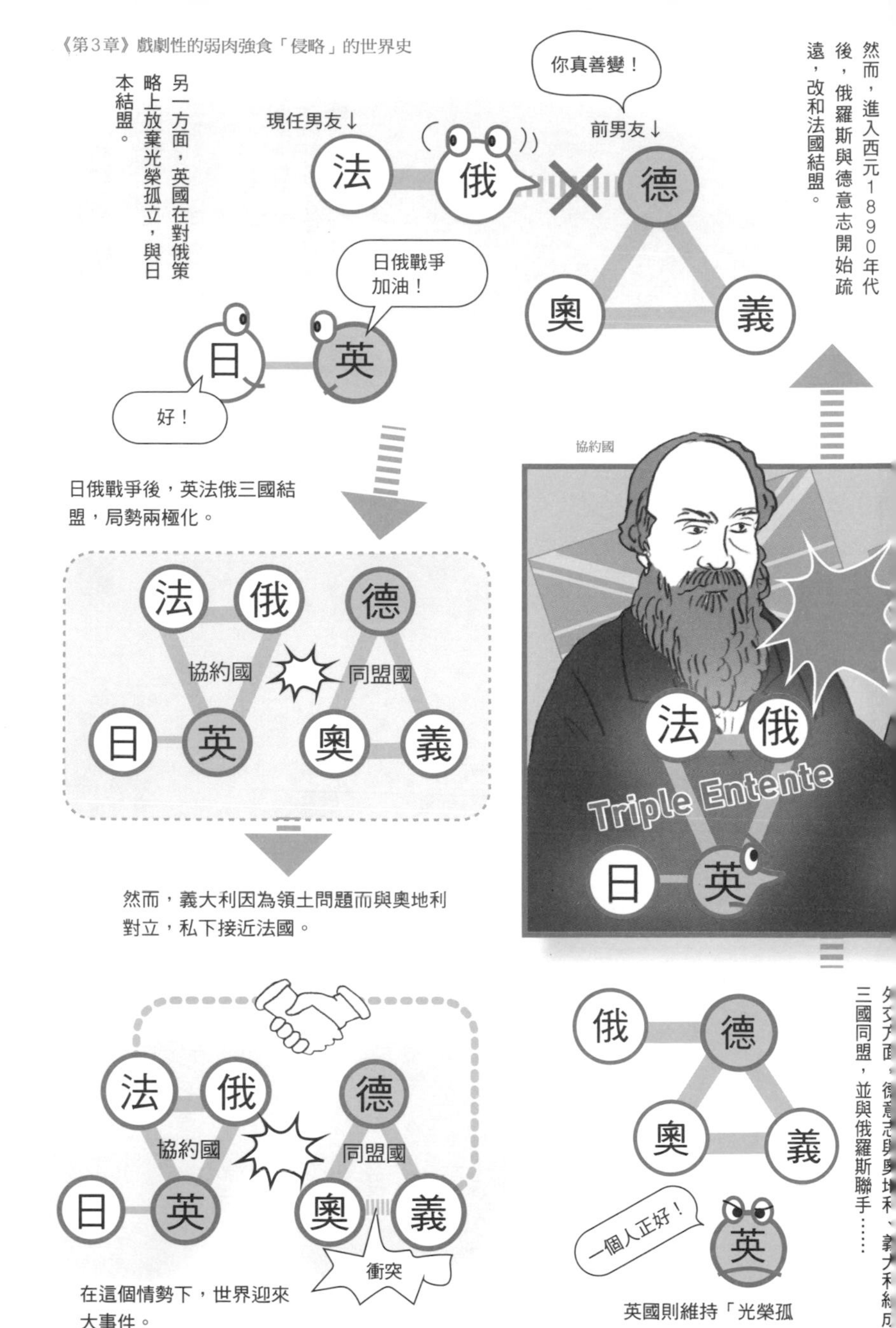
三國同盟，並與俄羅斯聯手……
俄
德
奧
義
一個人正好！
英
英國則維持「光榮孤立」策略。
協約國
法
俄
Triple Entente
日
英
然而，進入西元1890年代後，俄羅斯與德意志開始疏遠，改和法國結盟。
你真善變！
前男友↓
現任男友↓
法
俄
德
奧
義
另一方面，英國在對俄策略上放棄光榮孤立，與日本結盟。
日俄戰爭加油！
日
英
好！
日俄戰爭後，英法俄三國結盟，局勢兩極化。
法
俄
德
協約國
同盟國
日
英
奧
義
然而，義大利因為領土問題而與奧地利對立，私下接近法國。
法
俄
德
協約國
同盟國
日
英
奧
義
衝突
在這個情勢下，世界迎來大事件。

62……第一次世界大戰

為何發生席捲「全球」的戰爭？

西元1914年，塞拉耶佛事件引發第一次世界大戰。各國紛紛使用近代武器，釀成前所未有的大規模長期戰爭，光是軍隊的傷亡人數就超過800萬人。

約西元1914年～1917年

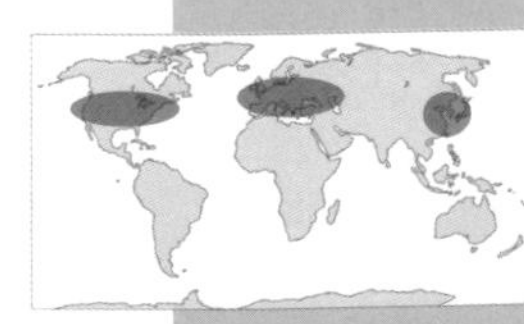

塞拉耶佛事件

西元1914年，奧地利的王儲夫妻（哈布斯堡家族）在波士尼亞的首都塞拉耶佛遭到當地人殺害。

奧地利因此向塞爾維亞宣戰，支持塞爾維亞的俄羅斯也加入戰局。

最終演變成同盟國對抗協約國的局面。義大利選擇加入協約國。

歐洲大部分國家都被捲入大規模的戰爭中。

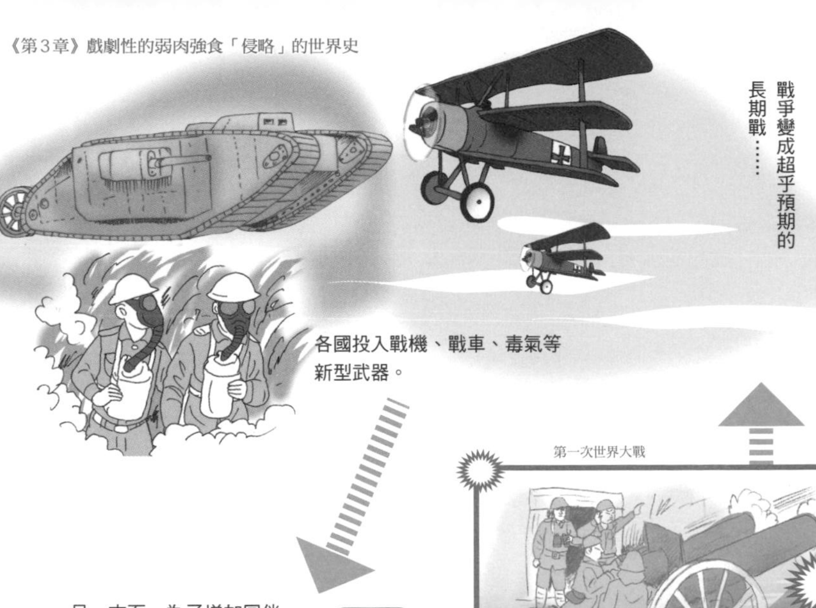
戰爭變成超乎預期的長期戰……
各國投入戰機、戰車、毒氣等新型武器。

第一次世界大戰
World War I
另一方面，為了增加同伴，英國採取兩面外交。
戰後會承認阿拉伯人獨立建國！
我們會支持猶太人建立國家！

嘣！
長期戰爭不斷，導致死傷慘重，糧食不足等問題也日趨嚴重。
賣我糧食！

第一次世界大戰爆發！

63……俄羅斯革命

「社會主義政權」如何誕生？

俄羅斯在第一次世界大戰中不斷挫敗，陷入糧食與燃料不足的困境，導致民怨四起，因此爆發兩次革命。羅曼諾夫王朝結束，社會主義政權誕生。

約西元1917年～1918年

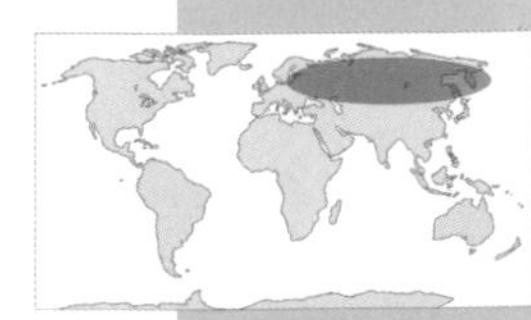

長期戰爭使俄羅斯糧食不足的問題加劇。
西元1917年，人民發動遊行罷工，要求和平與糧食……
Revolution
抗議規模擴大，群眾緊逼政府。
尼古拉二世退位，俄羅斯帝國瓦解。
臨時政府成立。
然而，臨時政府繼續打仗。
二月革命（三月革命）
俄羅斯曆的2月是公曆的3月。

這時，一名流亡瑞士的革命家回國，名叫列寧。

與此同時，推動革命的蘇維埃（人民委員會）政權與臨時政權並立……

政情依舊不穩。

列寧不支持臨時政府，主張繼續革命。

後來發生武裝起義，臨時政府很快垮台，革命勢力幾乎不戰而勝。

十月革命
（十一月革命）

其後，以列寧為核心的蘇維埃政權成立……

俄

俄羅斯與德意志談和，脫離戰線。

64……凡爾賽體系

第一次世界大戰如何處理「戰後事務」？

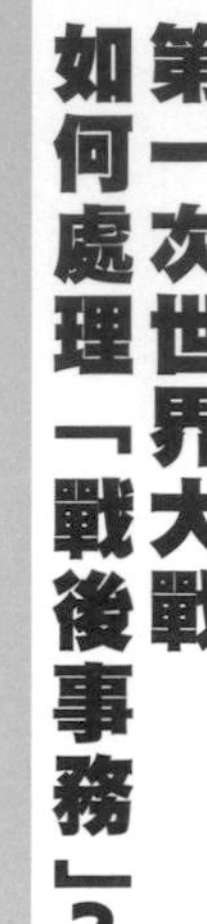

釀成許多悲劇的第一次世界大戰，終於因德意志掀起革命而結束。戰後，德國簽署談和條約並受到制裁，奧地利的國力則嚴重衰退。

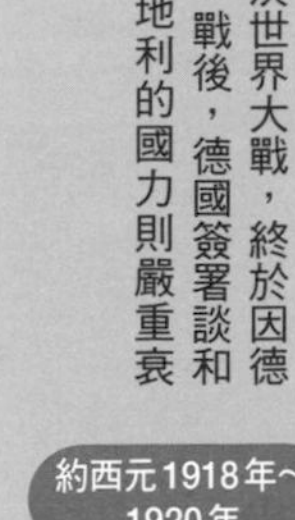

約西元1918年～1920年

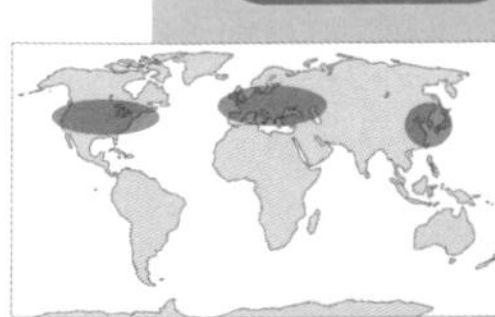

第一次世界大戰最終由協約國得勢……

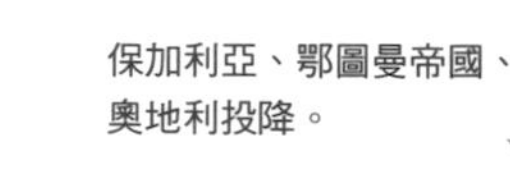

保加利亞、鄂圖曼帝國、奧地利投降。

德意志基爾軍港的海軍拒絕出兵，發生動亂……

革命起義蔓延至全國各地。

皇帝逃往荷蘭。

德意志建立共和國。

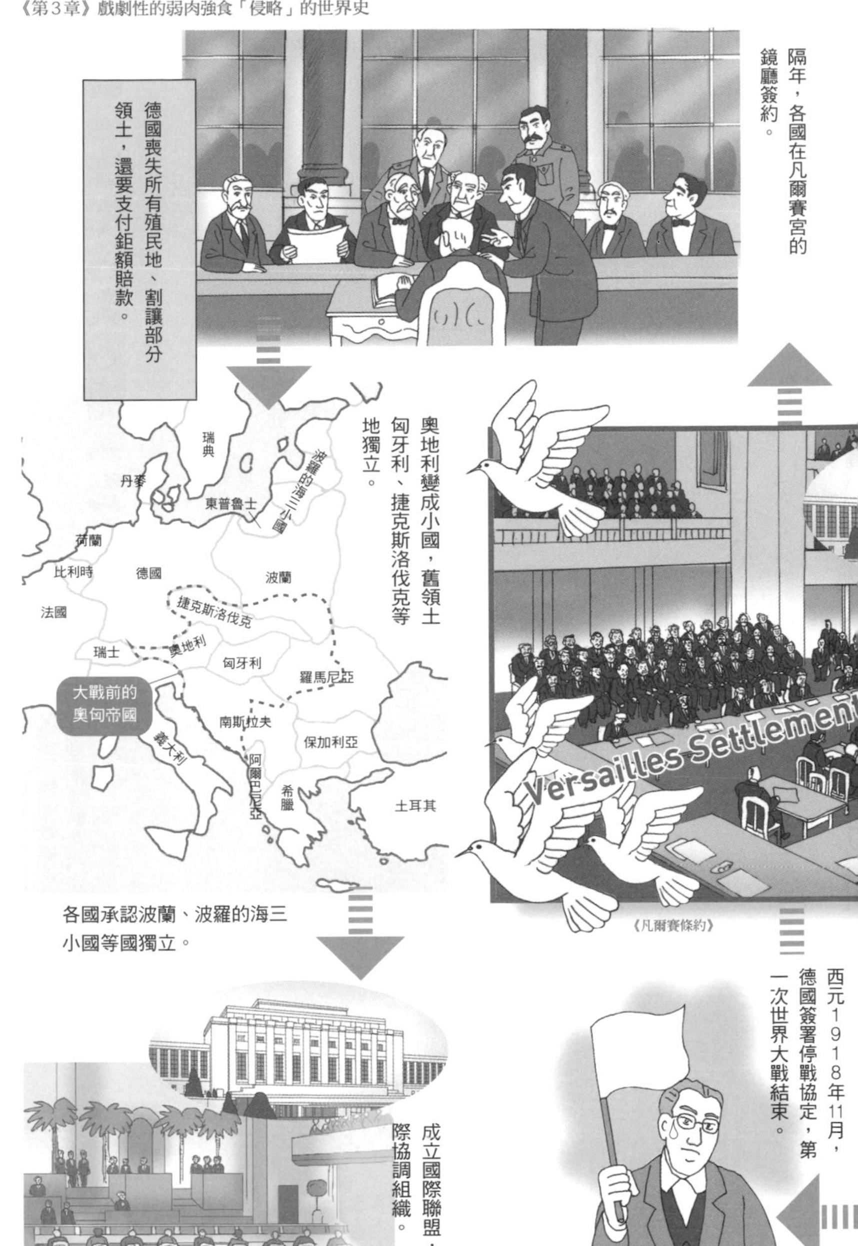
西元1918年11月，德國簽署停戰協定，第一次世界大戰結束。
Versailles Settlement
隔年，各國在凡爾賽宮的鏡廳簽約。
德國喪失所有殖民地、割讓部分領土，還要支付鉅額賠款。
瑞典
丹麥
東普魯士
波羅的海三小國
荷蘭
比利時
德國
波蘭
法國
捷克斯洛伐克
瑞士
奧地利
匈牙利
羅馬尼亞
大戰前的奧匈帝國
南斯拉夫
義大利
保加利亞
阿爾巴尼亞
希臘
土耳其
奧地利變成小國，舊領土匈牙利、捷克斯洛伐克等地獨立。
各國承認波蘭、波羅的海三小國等國獨立。
成立國際聯盟，作為國際協調組織。

《凡爾賽條約》

65……亞洲獨立運動

何地也受到第一次世界大戰的「影響」？

歐洲勢力仍處於第一次世界大戰的陰霾中，亞洲各地區也興起民族運動和獨立運動。雖然許多地區獨立失敗，但西亞成功誕生了獨立國家。

約西元1919年～1940年

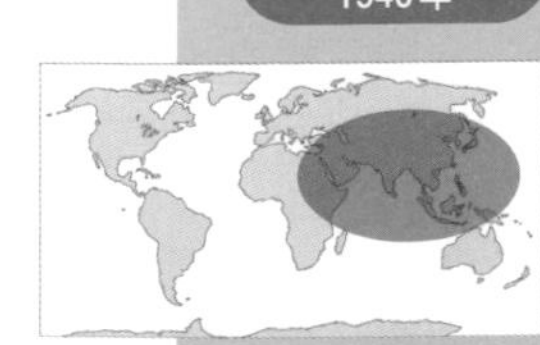

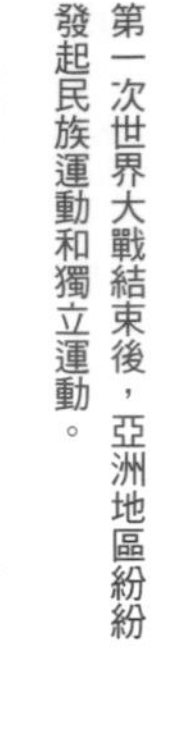

第一次世界大戰結束後，亞洲地區紛紛發起民族運動和獨立運動。

獨立！

東亞

受日本統治的朝鮮，在西元1919年發起「三一運動」……

約2個月後，中國爆發「五四運動」。

南亞

印度甘地則發起「非暴力不合作獨立運動」。

然而，各國獨立未果，
便面臨太平洋戰爭。

與此同時的西亞（中東）地區，
由凱末爾發起土耳其獨立戰爭。
鄂圖曼帝國滅亡，土耳其共和國
成立……

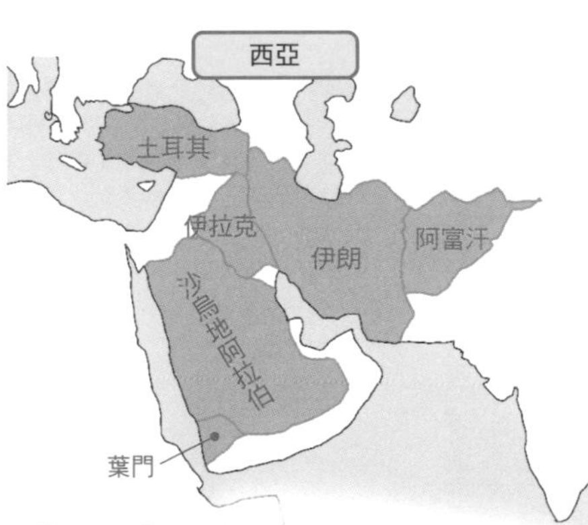

葉門、沙烏地阿拉伯、伊拉克、伊朗、
阿富汗獨立成功。

獨立運動

雖然得到部分自治權，
但距離完全獨立還很遠。

尼赫魯

路走一半了。

Column 3

第3章 此時的日本

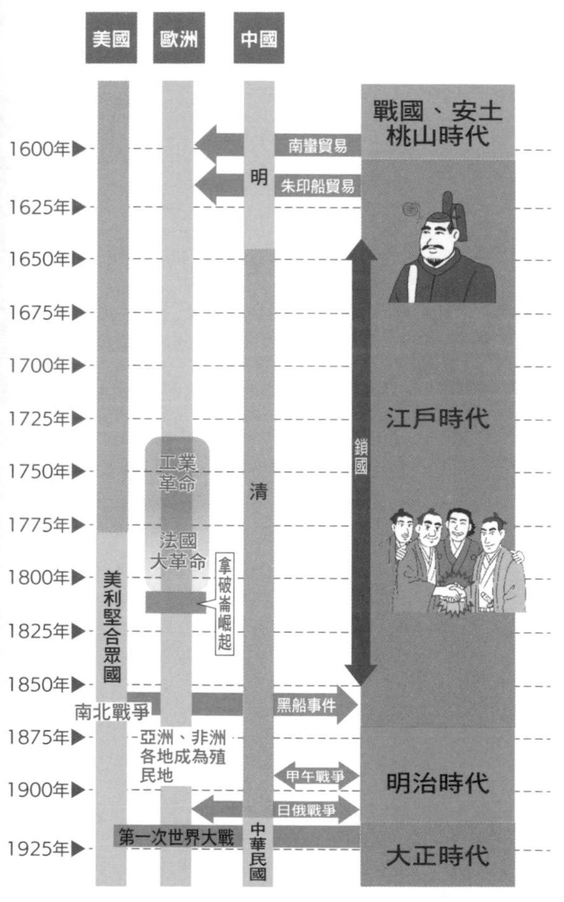

■鎖國的江戶時代

日本在江戶時代的初期，雖然有與歐洲貿易往來，但後來極度限制外交關係，實施鎖國政策長達200年以上。
這段期間，全球發生工業革命和資產階級革命。日本雖發展出獨特文化，但在科學文明方面仍落後歐美一大截。

■黑船事件一舉開國

西元1853年，美國軍人佩里乘著蒸汽船抵達日本。日本從此結束鎖國，轉向開國政策。自此，江戶幕府結束並進入明治維新，時代發生極大的變化。
明治政府加速西化政策，大量吸收西方文明。

■進入戰爭時代

日本不斷朝近代化邁進，於國際競爭的舞台上嶄露頭角。西元19世紀末，接連爆發中日甲午戰爭、日俄戰爭與第一次世界大戰，中間都只間隔了約10年。此外，日本合併韓國，施行殖民地政策。

《第4章》

大戰後的教訓「混亂」的世界史

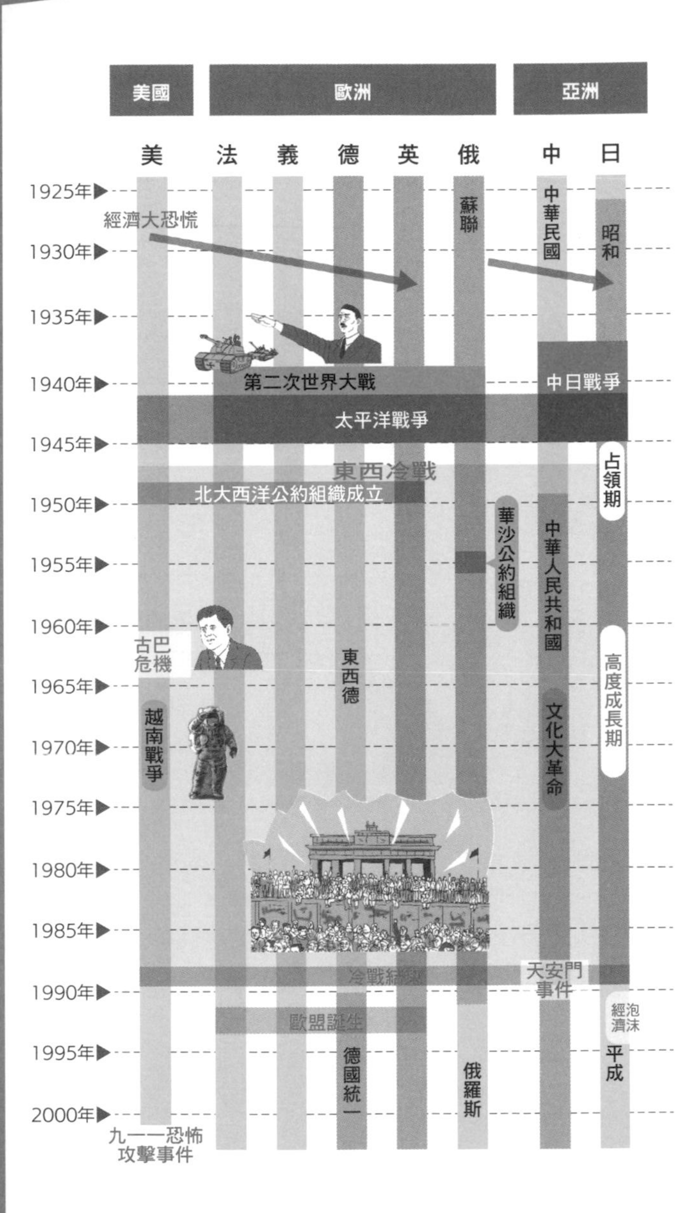

66……經濟大恐慌

造成美國經濟不景氣、「股價暴跌」的原因為何？

美國大眾文化蓬勃發展，社會一片繁榮。然而，繁榮光景不會永遠持續下去。紐約股市突然股價暴跌（黑色星期四），造成全球陷入經濟不景氣的危機。

約西元1920年～1935年

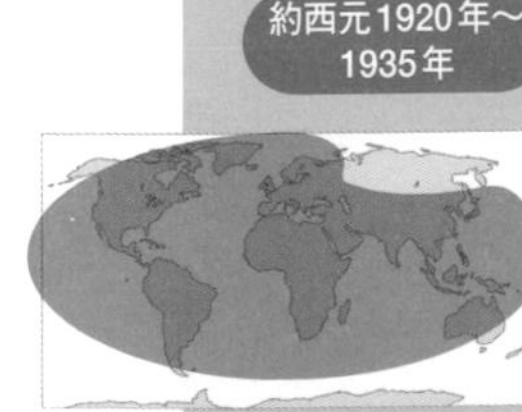

第一次世界大戰使歐洲各國發展停滯，美國卻出奇繁榮。

車輛和家電普及化……

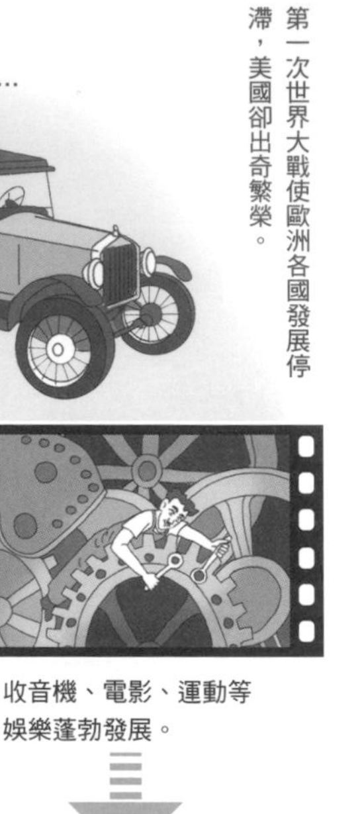

收音機、電影、運動等娛樂蓬勃發展。

BLACK TUESDAY

黑色星期二

當時的美國總統稱此狀況為

永遠的繁榮！

然而事實並非如此……

赫伯特・胡佛總統

西元1929年10月24日，美國股市暴跌！

黑色星期四

股市大跌的原因眾說紛紜。

- 農業不景氣
- 工業產品生產過剩
- 資金集中於美國
- 投機風潮
- 貿易停滯

日本、德國、義大利等殖民地少的國家日漸不滿。

67 …… 法西斯主義崛起

「資源匱乏國」的內部變革將迎來何種結果？

世界經濟大恐慌後，日本、德國、義大利由軍部掌控勢力，法西斯主義逐漸抬頭。日本引發九一八事變，成立滿洲國；義大利侵略衣索比亞；德國希特勒開始獨裁政治。

約西元1929年～1939年

經濟大恐慌爆發，日本、義大利、德國因「缺乏」殖民地和資源，陷入危機……
導致軍部崛起，法西斯主義（極權主義、民族主義獨裁體制）得勢。
日本
日本引爆中國東北（滿洲）的鐵路，占領大半土地。
北京
轟隆！
並讓清朝的末代皇帝溥儀復辟，建立滿洲國。
義大利

墨索里尼統領法西斯黨，掌控義大利政權……

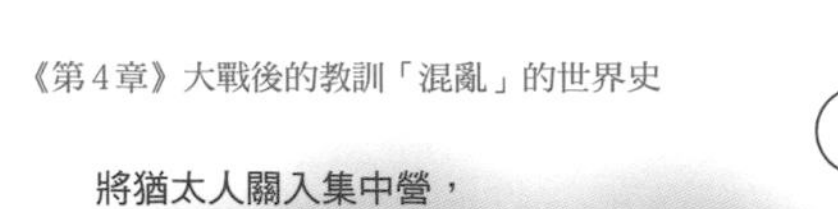

德國希特勒的納粹黨獲得人民支持……

排斥猶太人！
破壞凡爾賽體系！
重整軍備！

將猶太人關入集中營，施行獨裁政治。

法西斯主義

西元1935年，開始侵略非洲的少數獨立國衣索比亞（參照P131）。

與此同時，西班牙軍人佛朗哥發動叛亂，內戰爆發……

德、義支援佛朗哥派。

德軍發動格爾尼卡大轟炸事件。

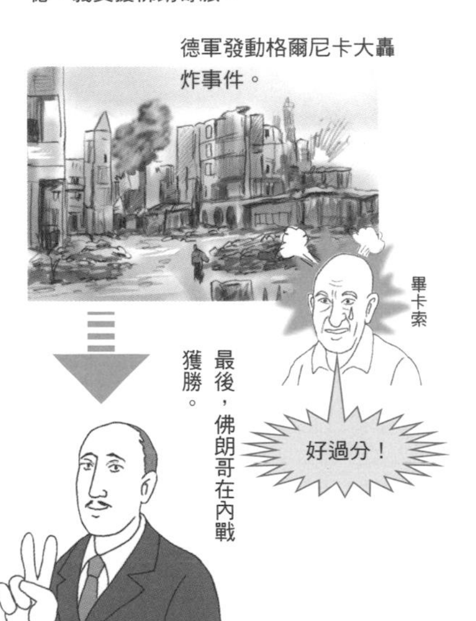

最後，佛朗哥在內戰獲勝。

68 …… 中日戰爭

一戰後，中國為了「國內統一」而展開哪些行動？

中國出現國民黨和共產黨，雙方反覆合作和敵對，朝統一國家的目標邁進。期間因盧溝橋事變而爆發中日戰爭，兩國在未正式宣戰的情況下陷入膠著戰況。

約西元1919年～1940年

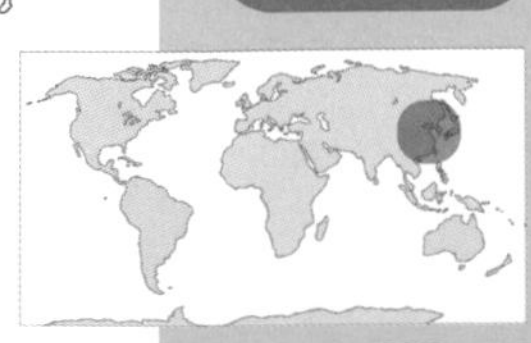

第一次世界大戰結束後，中國……

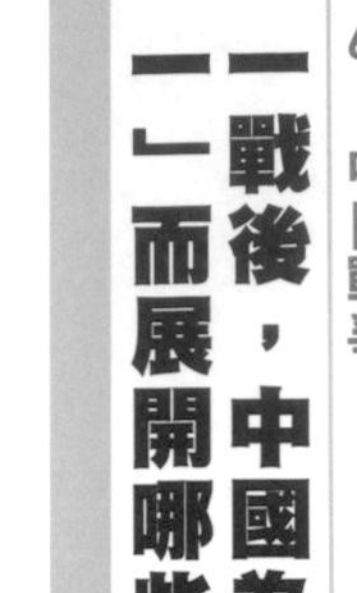

中國國民黨

出現以孫文為核心的中國國民黨……

VS

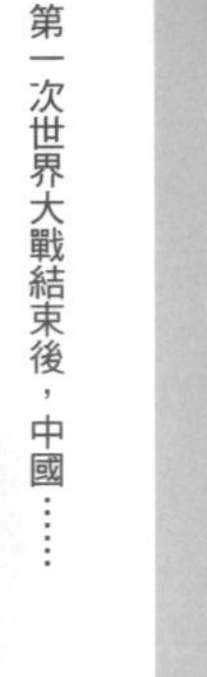

中國共產黨

以及由陳獨秀帶領的中國共產黨。

雙方合作，共同對抗帝國主義、打倒軍閥。

蔣介石繼承病逝的孫文，北伐以打倒軍閥。

蔣介石

後來，國民黨和共產黨對立……

北京

南京

廣州

蔣介石等人在南京成立國民政府。

國民政府

西元1928年，蔣介石完成北伐。國民政府統一中國。

中日戰爭

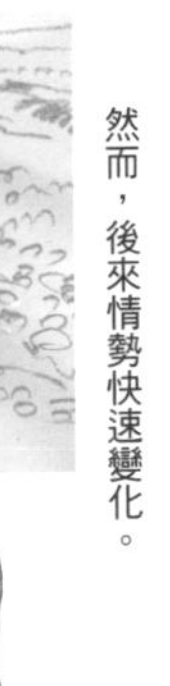

然而，後來情勢快速變化。

西元1931年，日本引發九一八事變，隔年成立滿洲國。

西元1937年，中日在北京郊外的盧溝橋發生軍事衝突……

雙方未正式宣戰，便擴大戰線。

國民黨和共產黨再度合作……

中日陷入長期戰爭。

▼69……第二次世界大戰

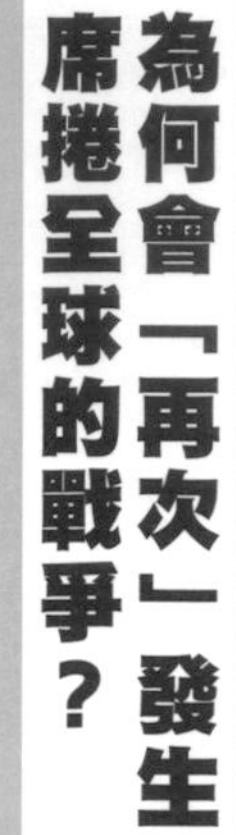

為何會「再次」發生席捲全球的戰爭？

西元1939年，希特勒率領的納粹德國侵略波蘭，第二次世界大戰拉開序幕。戰火延燒至歐洲各地，不久巴黎也被占領。

隨後又開始侵略波蘭。原本採行姑息政策的英法因此加強軍備、警戒德軍。

與此同時，至今互相敵視的德國和蘇聯……

反共！

反法西斯！

竟突然聯手，震驚全球。

《德蘇互不侵犯條約》

兩國結盟後，德國迅速進攻波蘭。

第二次世界大戰爆發！

德國侵略北方的丹麥、挪威，以及西方的荷蘭、比利時……

西元1940年6月，巴黎被德國占領。

軍人戴高樂逃至英國，成立流亡政府。

法國北部遭德軍占領後，南部出現助長德國的政權。

第二次世界大戰

義大利隨後參戰。德國無視條約，轉而進攻蘇聯。軸心國（德方）和同盟國（英法方）的局勢如下圖所示。

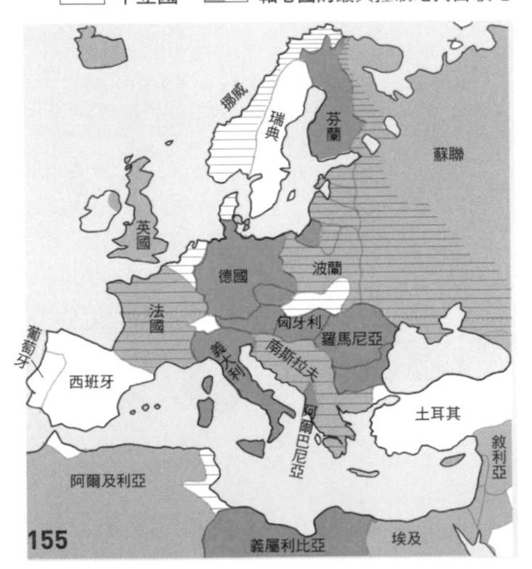

德蘇瓜分波蘭。其後蘇聯對芬蘭宣戰，併吞波羅的海三小國。

▼70……太平洋戰爭

第二次世界大戰中，「美日決戰」如何發展？

歐洲發生第二次世界大戰後，亞洲戰線逐漸擴大。此外，美國明確表示支持反法西斯國家，並與日本對立。西元1941年發生珍珠港事件，太平洋戰爭爆發。

約西元1940年～1942年

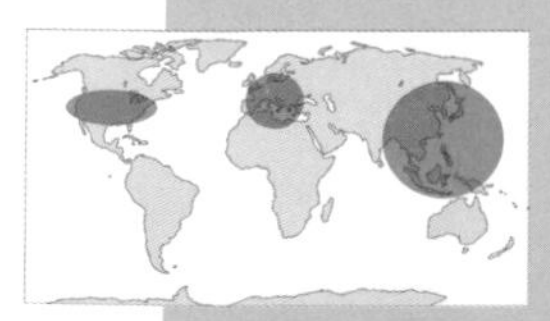

西元1940年，德義日延伸防共協定，締結《三國同盟條約》。

日本同時與蘇聯簽訂中立條約。

中日戰爭變成長期戰，日本為調用石油而攻打東南亞。

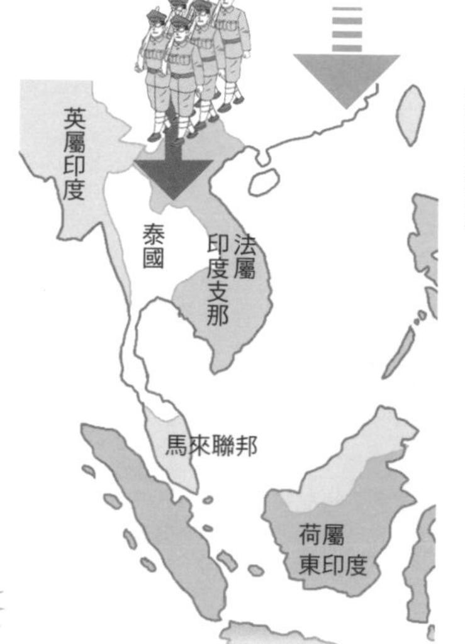

德軍占領巴黎後，日軍進攻法屬印度支那，接著侵略英屬馬來半島及荷屬印尼。

對此，美國聯合英、中、荷，禁止供給石油給日本。

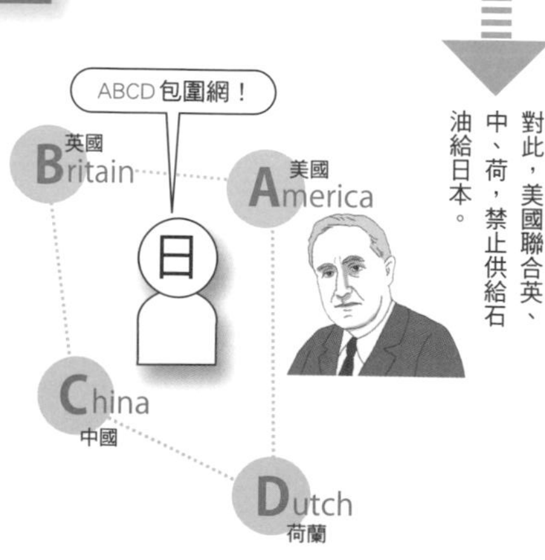

美日為了避戰而談判，卻陷入僵局。西元1941年12月，日軍襲擊夏威夷珍珠港的美軍基地。

隨後，德、義兩國也對美宣戰。全球各國的對立局勢就此明朗。
巴黎被占領，逃亡中。
法
蘇
英
德
日
義
中
美
雖然我有跟日本簽訂中立條約……
但我跟蘇聯簽了中立條約。
美日開戰，日本約在半年後席捲東南亞。
日本勢力最大侵略戰線。
中途島
夏威夷群島
特魯克島
吉爾伯特群島
瓜達康納爾島
太平洋戰爭
Pacific War

日本提倡「大東亞共榮圈」。戰爭頻繁，導致國內貧窮問題加劇。
奢侈是敵人

太平洋戰爭爆發！

71……終戰

第二次世界大戰如何「終結」？

同盟國軍隊展開反擊，第二次世界大戰的戰況白熱化。同盟軍在各地取勝，西西里島戰役、諾曼第登陸、沖繩登陸成功後，軸心國敗局已定，於是紛紛投降。

西元1942年～1945年

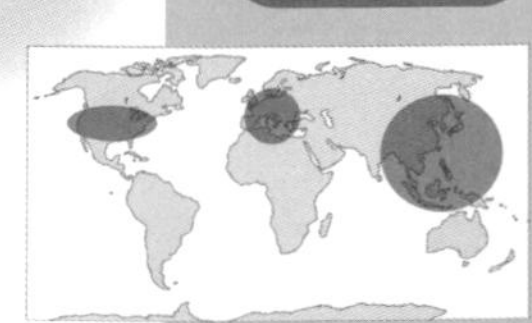

西元1942年後半葉，同盟國軍隊開始加強攻勢……

德蘇戰爭方面，德軍在西元1943年的史達林格勒戰役中投降。

投降

與此同時，同盟軍從北非登陸西西里島，義大利面臨敗局……

義大利

同盟國

墨索里尼失勢。

義

義大利投降。

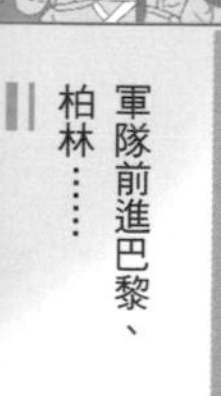

西元1944年，盟軍登陸諾曼第。

軍隊前進巴黎、柏林……

柏林

巴黎

法國

另一方面，日本於西元1942年的中途島海戰中戰敗。

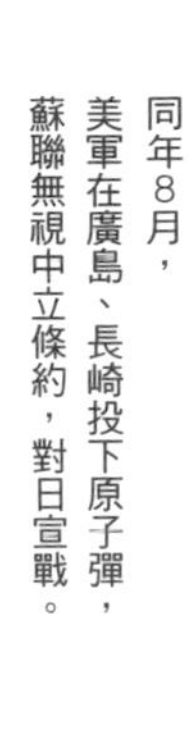

日本於同月投降。

第二次世界大戰（太平洋戰爭）結束。

西元1945年5月，德國投降。

72 …… 戰後處理

第二次世界大戰後，「戰敗國」承擔了哪些事？

漫長的第二次世界大戰結束，各國著手戰後處理。德國由四國分別管理，日本由駐日盟軍總司令（GHQ）管制。此外，為避免再次發生大規模國際紛爭，各國成立聯合國等組織。

約西元1945年～1950年

第二次世界大戰期間，各國就召開雅爾達會議、波茨坦會議等，討論戰後的處理問題……

德國

德國及首都柏林由四國分開管理。

英國
柏林
蘇聯
法國
美國

柏林分區管制

法國
英國
蘇聯
美國

eneral
leadquarters

駐日盟軍總司令

義大利

義大利放棄海外殖民地。

日本

日本受美國主導的同盟國軍隊統治……

日本實施多項改革，並制定《日本國憲法》。

順帶一提，法國方面，由逃亡的戴高樂率領的臨時政府……

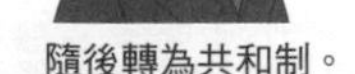

隨後轉為共和制。

西元1945年，
50國參與舊金山會議……

會議中通過《聯合國憲章》，
聯合國就此成立。

經過數年，聯合國的專門機構
至今仍持續增加。

聯合國

人民投票廢除君主制，
建立共和制。

73……冷戰開始

資本主義與社會主義為何互相「對立」？

第二次世界大戰結束後，美國為主的資本主義國家（西方國），以及蘇聯為主的社會主義國家（東方國）之間的對立浮上檯面。兩大陣營的衝突，形成冷戰的局面。

約西元1946年～1950年

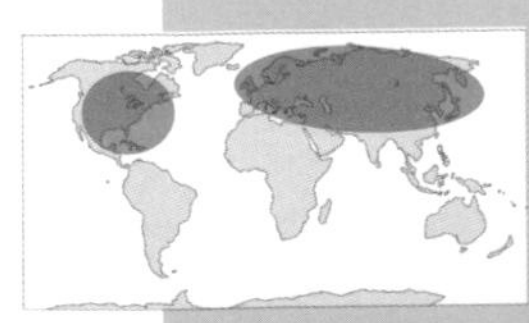

第二次世界大戰後，美國與蘇聯握有主導權。

東歐的波蘭、匈牙利等國，在蘇聯的協助下實施社會主義……

美國則協助土耳其和希臘，阻止社會主義的勢力擴大（杜魯門主義）。

歡迎加入！

糟糕！

土耳其

希臘

波蘭

匈牙利

羅馬尼亞

NATO（北大西洋公約組織）

美國和西歐各國則成立NATO。

COMECON（經濟互助委員會）

此外，蘇聯和東歐各國組成經濟互助委員會，加強合作……

華沙公約組織

而後，東歐集團成立華沙公約組織。

西 東

東西陣營持續對立。

此外，中國的國民黨和共產黨之間衝突再起。

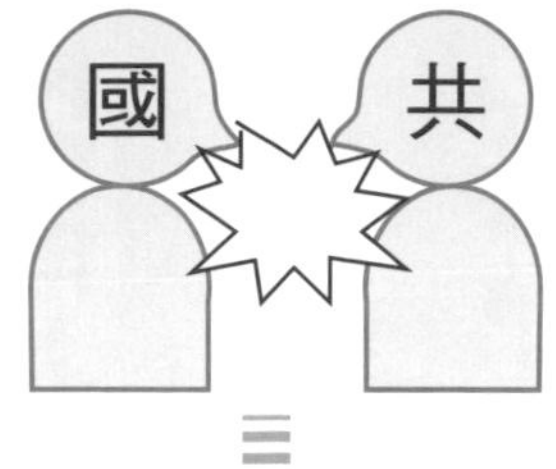

趨於劣勢的國民黨（中華民國政府）逃往台灣……

共產黨在本土建立中華人民共和國。

蘇聯和東歐隨即承認中華人民共和國，但美國仍支持中華民國政府。

另一方面，蘇聯管制的朝鮮半島北部，成立了朝鮮民主主義人民共和國（北韓）……

南部則建立起大韓民國（南韓）。

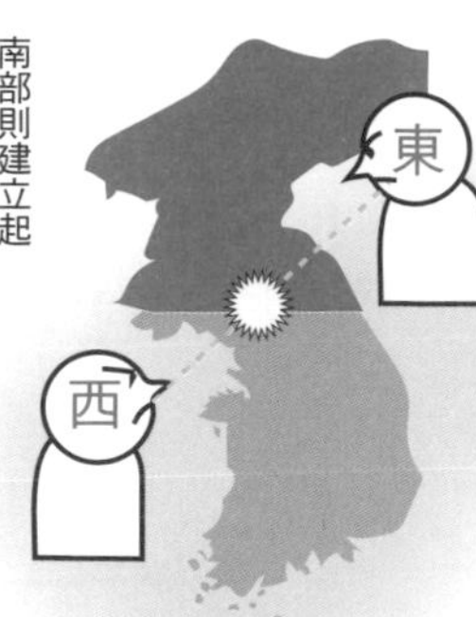

冷戰

西元1949年，德國在冷戰鐵幕下分為東西德，各自建國。

西
東
柏林

自此，世界分成兩派陣營——以美國為中心的資本主義陣營（西），以及以蘇聯為中心的社會主義陣營（東），對立持續不斷。

74 韓戰

朝鮮半島的「南北對立」為何會浮上檯面？

西元１９５０年，北韓攻打南韓，韓戰爆發。中美介入戰爭，最後休戰。另一方面，朝鮮半島的戰爭也對受駐日盟軍總司令管制的日本帶來巨大的影響。

西元1950年～1953年

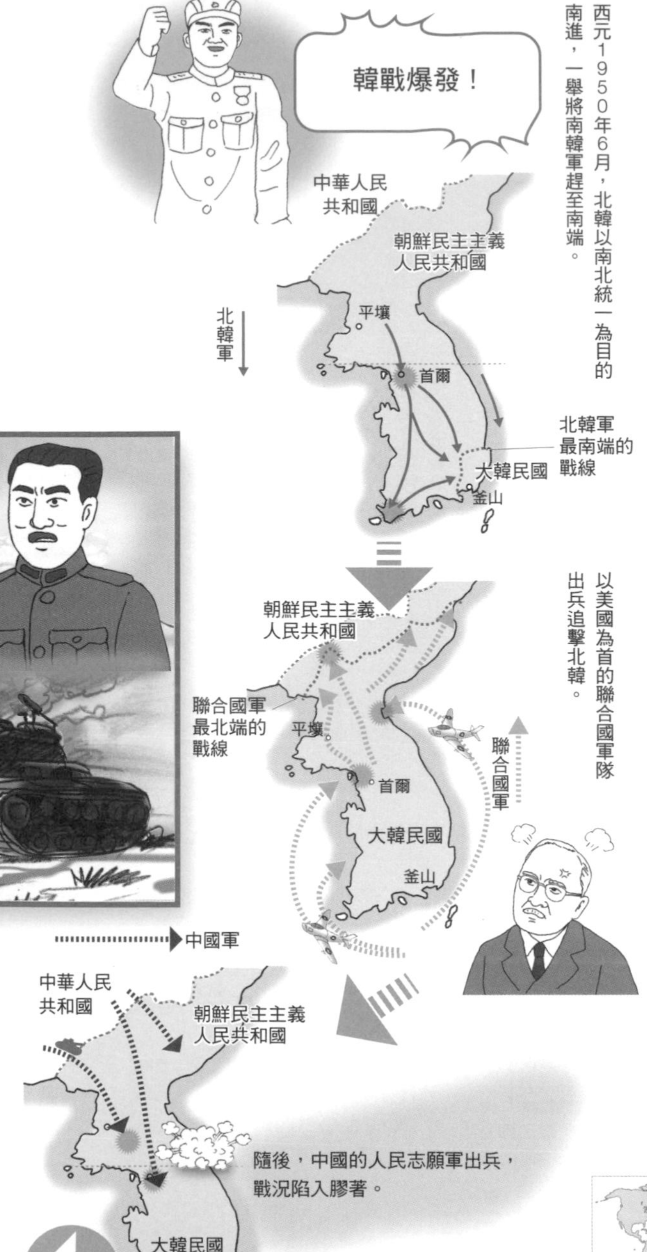

加上美國企圖擴大資本主義陣營，雙方利害一致……

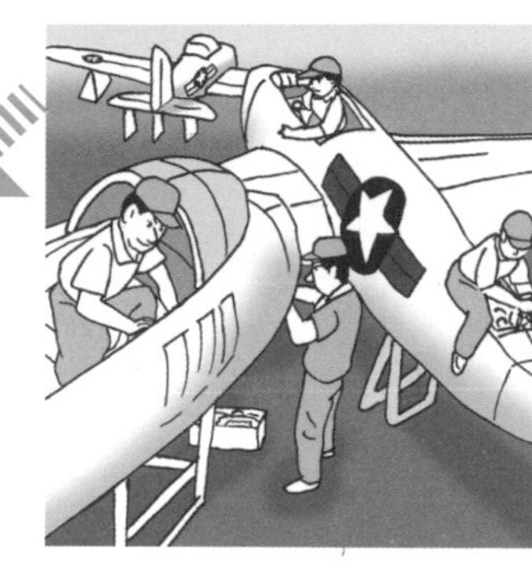

韓戰期間，日本負責生產軍需物資，提供戰爭需求（韓戰特需），景氣因而提升。

於是西元 1951 年，舊金山和平會議承認日本獨立。

韓戰

隔年《對日和平條約》生效，日本恢復主權。然而，沖繩、奄美大島、小笠原群島仍由美國施政管理……

基於《美日安保條約》，美軍駐留日本。

最後兩韓以北緯38度線為停戰線，於西元1953年休戰。

▼75……獨立國家誕生

各國完成獨立，但「問題區域」如何發展？

第二次世界大戰後，曾是殖民地的國家紛紛獨立。翁山蘇姬的父親翁山及胡志明等人積極推動獨立，但有些領導者慘遭暗殺，比如翁山或甘地。

約西元1945年～1970年

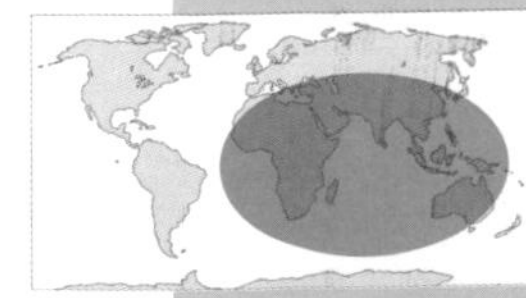

第二次世界大戰後，歐洲和東亞以外的地區出現許多獨立國家。

※數字表示獨立年分。

荷屬東印度由蘇卡諾等人發表《印度尼西亞共和國獨立宣言》。

亞洲獨立

緬甸和越南，分別由翁山和胡志明主導。

印度分裂成以印度教徒為主體的印度聯邦，及伊斯蘭教徒為主體的巴基斯坦，各自獨立。

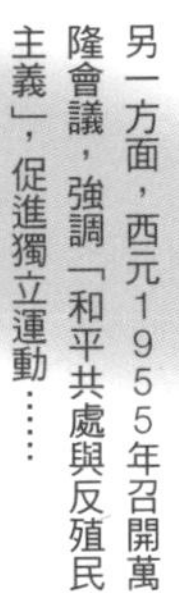

另一方面，西元1955年召開萬隆會議，強調「和平共處與反殖民主義」，促進獨立運動……

非洲國家紛紛獨立。西元1960年時，已多達17國完成獨立。

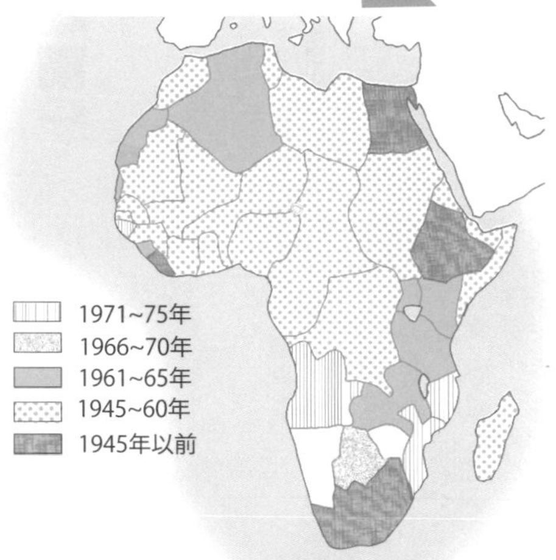

非洲獨立

兩國結合……

卻遭激進印度教徒暗殺。

此時的中東地區，猶太人在西元1948年發表《以色列建國宣言》……

阿拉伯各國不承認以色列，爆發以阿戰爭，產生大批難民。

英國過去的兩面外交為戰爭原因之一。

76……非裔美國人民權運動與越戰

深陷泥淖的「越南」如何完成統一？

人民熱切的心情，促使大國採取行動。本篇將介紹西元1950～1970年代，受到全球矚目的非裔美國人民權運動和越戰的情況。

約西元1955年～1976年

美國種族歧視不斷……

西元1955年，一名黑人女性拒絕讓座給白人。

NO!

這名叫羅莎·帕克斯的女性的行為掀起話題……

希望消除歧視的黑人民權運動蓬勃發展。

Civil Rights Movement

民權運動

西元1963年，發起了「向華盛頓進軍」的大規模示威遊行……

哇一！

I Have a Dream !

我有一個夢想！

金恩牧師

隔年，美國頒布《民權法案》，撤除不平等待遇……

此外，西元1960～1970年代，美國因越戰引發輿論。

胡志明等人建立越南民主共和國後，南部在美國的支持下，於西元1955年成立越南共和國。

越南民主共和國

越南共和國

西貢

越南南方的民族解放陣線以統一越南為目標，與越南共和國爆發內戰……

美國積極軍事介入。

戰爭膠著化，海內外的反戰運動愈演愈烈……

美國最終撤退。西貢淪陷，越南統一。

越戰

立刻停戰！

BLACK LIVES MATTER

黑人的命也是命（守護黑人的生命）

然而，金恩牧師慘遭暗殺，歧視黑人的情況並未消失。

77……太空開發與古巴危機

「美蘇冷戰」的局面甚至蔓延到外太空？

冷戰引發了各種衝突對立。尤其是古巴危機，甚至差點引發核戰。在此期間，太空開發競賽使科學發展大幅進步。

約西元1957年～1969年

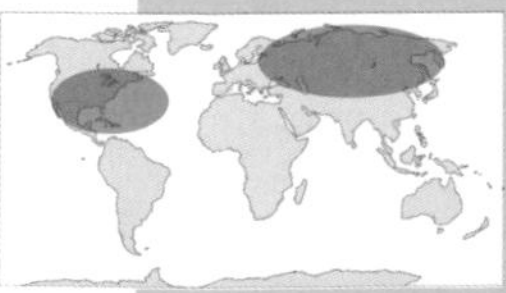

美蘇暗中交鋒，發展核能並強化陣營力量……

蘇 赫魯雪夫

美 約翰・F・甘迺迪

甚至在其他領域也互相較勁。

太空開發！

阿波羅

Apollo

蘇聯取得先機，於西元1957年成功發射人造衛星。

隔年，美國也成功發射人造衛星……

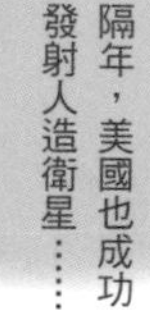

西元1961年，蘇聯完成世界首次載人太空航行，又領先一步。

地球是藍色的。

甘迺迪接獲一項驚人消息。
聽說蘇聯在古巴建造飛彈基地！

古巴危機

Cuban Crisis

古巴與美國近在咫尺。世界瀕臨核戰邊緣，情勢相當緊張。
古巴
美國軍機

蘇聯戰艦

美國在海上封鎖古巴，差點與蘇聯正面衝突……

不過，蘇聯在最後一刻撤除了飛彈。
呼！
世界免於再次迎來大戰。

占下風的甘迺迪總統隨即推動阿波羅計畫。
1960年代結束前，要送人類上月球！

後來甘迺迪遭暗殺，但實現了諾言。西元1969年，阿波羅抵達月球。

這是人類的一大步。

太空發展可說是東西對立促使人類進步的成功案例。

78……冷戰結束

美蘇關係如何解凍？「東西德」如何走向統一？

冷戰期間，美蘇關係反覆緊張和緩和，直到戈巴契夫擔任蘇聯的總書記時，為情況帶來巨大變化。戈巴契夫推行「經濟改革」，冷戰走向終結，象徵鐵幕的柏林圍牆倒塌。

約西元1985年～1990年

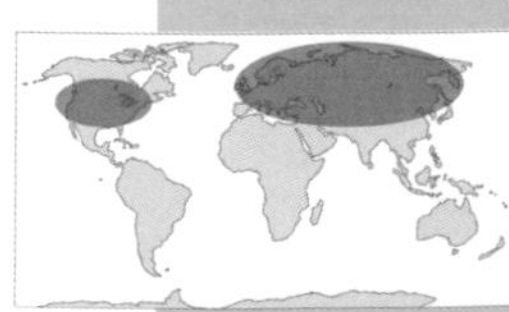

二戰結束後，美蘇持續了約40年的冷戰，關係反覆緊張和緩和……

古巴危機

緊張

美

蘇

緩和

戰略武器限制談判（SALT）

米哈伊爾・戈巴契夫成為蘇聯總書記，大大改變了歷史。

當時，核軍備造成經濟負擔、政治停滯，使蘇聯體制陷入僵局。

執行重建政策！

必須公開資訊！

!

美蘇簽訂《中程飛彈條約》（INF）……

戈巴契夫總書記

雷根總統

此舉殃及其他國家。

德國的首都柏林在二戰後分裂為東西兩半，中間隔著「象徵冷戰」鐵幕的圍牆（柏林圍牆）……

西元1989年，東德宣布與西德往來，眾人奔向東西德邊境（柏林圍牆）。

冷戰結束

「柏林圍牆」崩塌。

蘇聯從其侵略的阿富汗撤軍。

西元1989年，美蘇領袖會議宣布「冷戰結束」。隔年，東西德完成統一。

79……蘇聯解體

由蘇聯與東歐組成的「社會主義集團」發生何事？

冷戰結束，使蘇聯與東歐組成的社會主義集團逐漸瓦解。蘇聯發生政變，終結冷戰的戈巴契夫失去權力。東歐先後發生人民運動，社會主義集團解體。

約西元1990年～1991年

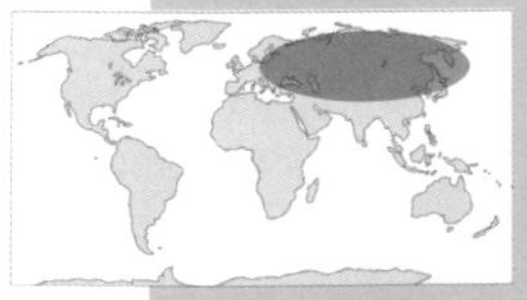

冷戰結束後，蘇聯改採總統制。戈巴契夫總統在位期間持續改革，轉型成市場經濟……

然而，西元1991年反對派（保守派）發動政變……

戈巴契夫遭囚禁。

蘇聯中的俄羅斯共和國的葉爾欽總統協助鎮壓政變……

被釋放的戈巴契夫威望不再，失去政治地位。

社會主義集團瓦解

許多共和國隨後脫離蘇聯，蘇聯共產黨解散。

冷戰結束前後，東歐各國也發生劇變。

「團結工聯」的華勒沙等人在波蘭發起改革運動……

其他國家也發生人民運動，展開無血革命。

無血革命

另一方面，羅馬尼亞的總統遭處刑。

這些事件促使東歐各國引進市場經濟，並成立議會制民主主義。
經濟互助委員會和華沙公約組織解散。

蘇聯解體，俄羅斯與11（後為12）個共和國組成獨立國家國協（CIS）。

▼80……《日本第一》

日本加入「經濟大國」行列，後續如何發展？

日本戰後深陷經濟不景氣的危機，但憑藉高度的經濟成長，逐漸轉型為經濟大國。此番榮景維持一段時間，甚至遭受他國打壓，最後卻因泡沫經濟而瓦解。

約西元1955年～1995年

慶祝
日本復歸
恢復主權的日本，
景氣一片繁榮。
國民所得倍增計畫
尤其是西元1960年代，
頒布「國民所得倍增計畫」後……
日本實現奇蹟般的「高度經濟成長」，GNP僅次於美國，成為世界排名第二……
Japan Bashing
打壓日本
舉辦亞洲的首次奧運……

以及世界博覽會

《日本第一：對美國的啟示》

西元1970年代，雖然因石油危機而一度陷入困境……

但後來經濟再次成長……

汽車和電器產品的出口量大幅增加。

造成美日貿易摩擦……

美國出現效仿日本經濟社會制度的言論。

1980年代末期，日本企業買下美國象徵性建築「洛克斐勒中心」……

日圓席捲全球……

直到1990年代泡沫破裂，日本經濟衰退。

81……歐盟誕生

曾位居世界中心的歐洲，接下來如何「團結」？

歐洲從古羅馬榮耀到大航海時代、工業革命，皆處於世界中心的地位，但經歷兩次大戰後已大幅衰退。戰後各國紛紛重建，邁向全新的團結之路。

約西元1945年～2020年

歐洲是兩次世界大戰的主戰場……
加上戰後殖民地紛紛獨立……

各國陷入經濟困境，從世界中心淪落為普通地區。

「馬歐爾計畫」

後來歐洲獲得美國援助，開始重建……

此外，為了擺脫過去衝突與戰爭不斷的情況……

歐洲各國加強團結合作。

西元1952年，法國、西德、義大利及比荷盧聯盟，共同管理戰爭與經濟發展必需的煤炭與鋼鐵。

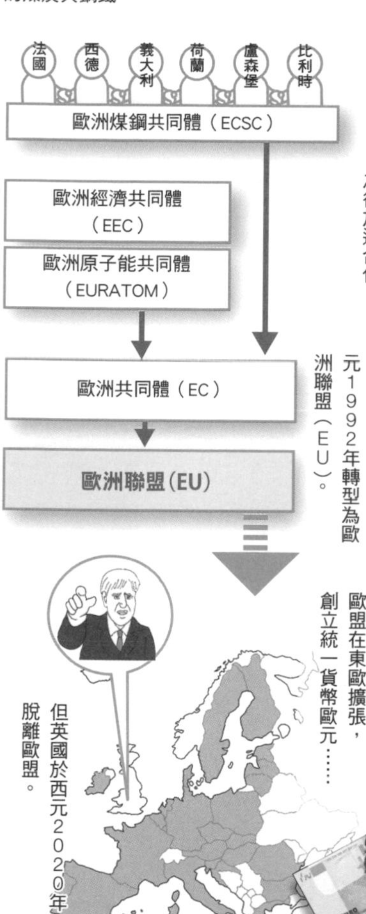

之後加速合作……

將各個組織整合成歐洲共同體（EC），於西元1992年轉型為歐洲聯盟（EU）。

歐盟在東歐擴張，創立統一貨幣歐元……

但英國於西元2020年脫離歐盟。

歐洲聯盟（EU）

歐洲經濟成長雖低於日本，但也大幅提升。

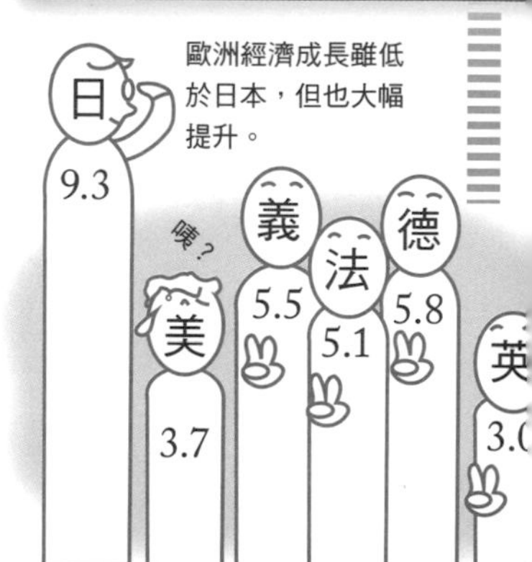

※數字表示1950年～1973年的經濟成長率（

82……文化大革命

中國的發展與其付出的「代價」為何？

中華人民共和國經歷無產階級文化大革命、天安門事件等動盪時代，穩健地提升國力。中國擁有廣闊的領土及世界最多的人口，確立了世界第二的經濟大國地位。

西元1949年～

中華人民共和國於二戰後建國……

實行激進的大規模工業與農業發展運動……

文化大革命

reat Proletarian
ultural Revolution

激進的改革失敗，毛澤東暫時退出第一線……

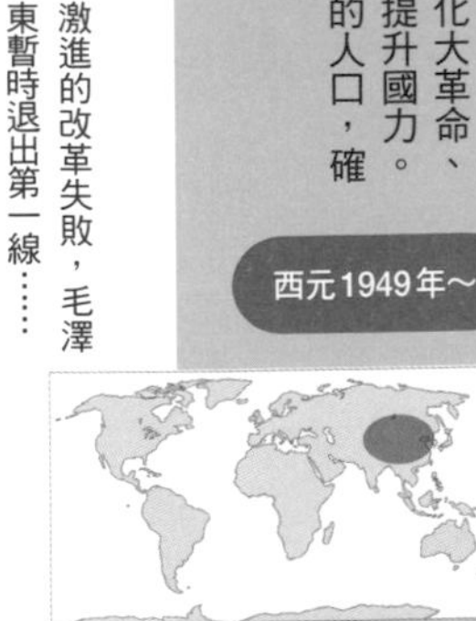

隨後於西元1966年發起無產階級文化大革命。

組織紅衛兵、肅清反對派……

毛澤東

中國社會動盪混亂。

天安門事件

Tiananmen Square Incident

西元1976年，毛澤東離世……

激進派「四人幫」遭逮補，文化大革命結束。

新的領導層試圖重新振作……

目標「四個現代化」！

農業

工業

國防

科學技術

中國與美日建交……

周恩來

田中角榮

尼克森

但以武力鎮壓了民主化運動。

天安門事件

不過，中國豐富的勞動力使經濟大躍進。

GDP超越日本，僅次於美國，成為世界排名第二。

83 恐怖攻擊與國際衝突

為什麼「戰爭的種子」並未從世界上消失？

第二次世界大戰結束後，各國不希望再重蹈覆轍，於是組成聯合國等國際組織，倡導國際協調。然而，冷戰結束後世界上的衝突依然沒有消失。

約西元1990年～

西元1989年，冷戰落幕……
然而，世界上的衝突仍沒有消失。
冷戰結束不到一年，就爆發波斯灣戰爭，震驚全球。
恐怖攻擊
Terrorism
此外，西元2001年，美國發生九一一恐怖攻擊事件……

據聯合國統計，二戰以後的戰爭死亡數正持續減少。

然而，爭端與暴力事件持續增加，爆發多起由恐怖組織、犯罪集團引起的非國家衝突。

爭端與暴力

除了國家間的紛爭外，恐怖組織與國家、國內集團之間的衝突也在增加。

邊境衝突、恐攻行動、政治暴力……如今世界各地都在發生戰爭。

不過與此同時，許多國際組織或個人也在世界各處倡導，致力於結束衝突。

馬拉拉・尤沙夫賽

▼84……環境議題

「地球環境」急遽惡化，全球未來該如何應對？

人類的進化中，特別是科學技術的發展，將導致環境汙染等問題。如今21世紀，全球暖化加劇的情況已不容忽視，全世界急於投入環境保護工作。

約西元18世紀～

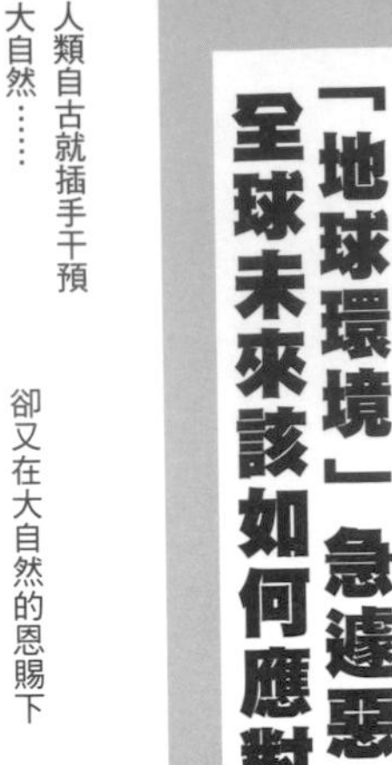

人類自古就插手干預大自然……

卻又在大自然的恩賜下生存。

特別是工業革命以後……

開始挖掘煤炭、石油等資源……

排放二氧化碳或有毒氣體，增加自然環境的負擔。

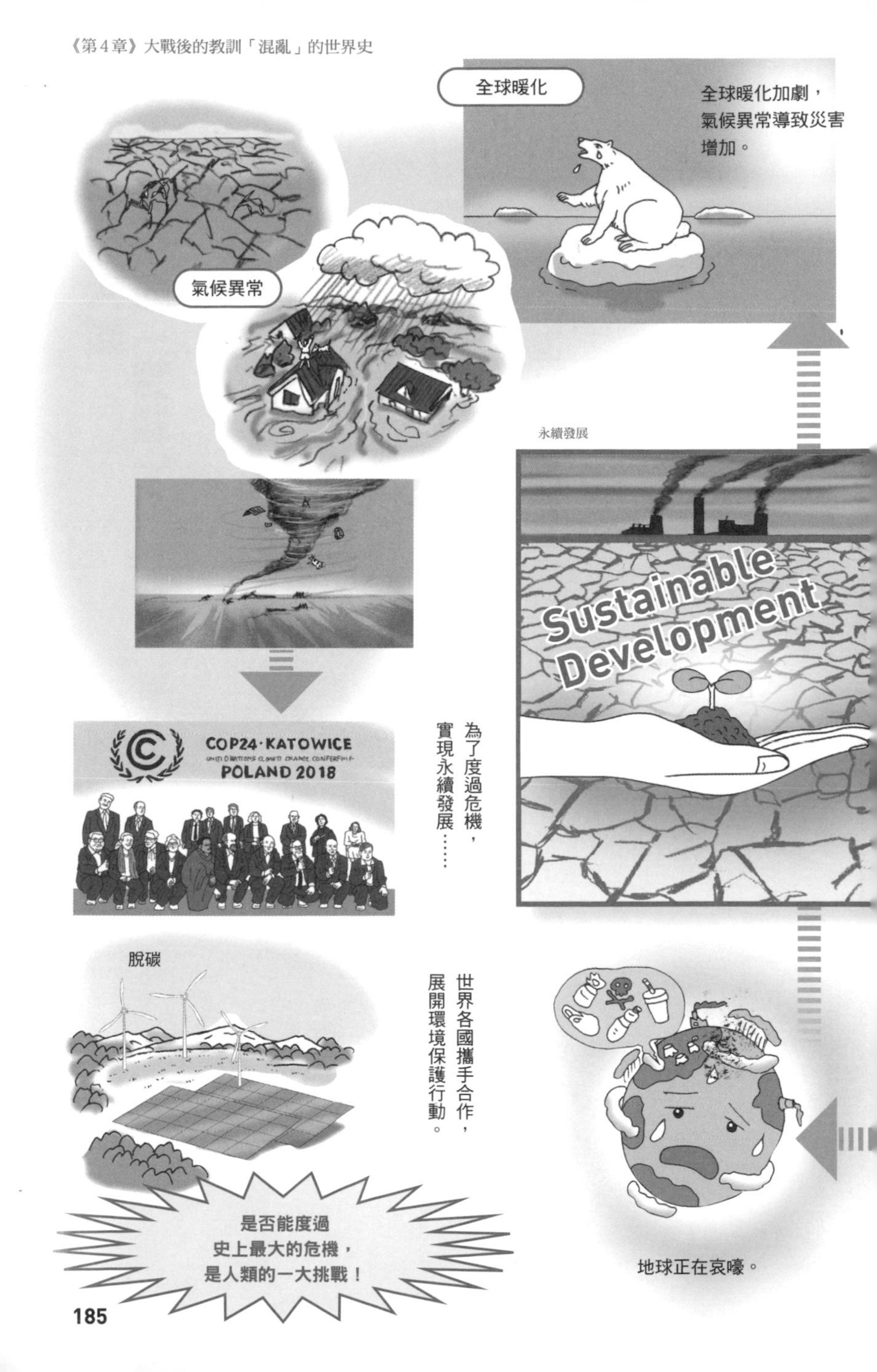
全球暖化
全球暖化加劇，
氣候異常導致災害
增加。
氣候異常
永續發展
Sustainable
Development
COP24·KATOWICE
POLAND 2018
為了度過危機，
實現永續發展……
脫碳
世界各國攜手合作，
展開環境保護行動。
地球正在哀嚎。
是否能度過
史上最大的危機，
是人類的一大挑戰！

85……世界的現在與未來

地球上的人類肩負怎樣的「課題」？

西元21世紀進入網路全盛時代，我們的生活發生巨大改變。未來人類將如何變化，留下怎樣的歷史足跡？又有哪些事物不會隨著時間而改變？

人類已經留下幾千、幾萬年的歷史……

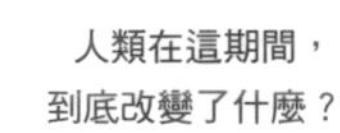

人類的歷史

醫療與科技顯著發展，人的平均壽命得以延長。

交通發達，一生中的可移動距離大幅增加。

一生中遇見的人大量增加，包括網路認識的對象。

人與人之間的聯繫是否變得薄弱？
讚！
嗶！
其實並不盡然。
網路傳遞的溫暖話語，
也會讓我們感動落淚。
邁向未來
To the Future
災害
另一方面，全球
正面臨艱難的現
實問題。
COVID-19（新冠病毒）
疫情
在這種情況下，
我們能做哪些事？
讓更多困苦的人展露
笑容，肯定是其中一
項任務。
就像那時
一樣……

Column 4

第4章 此時的日本

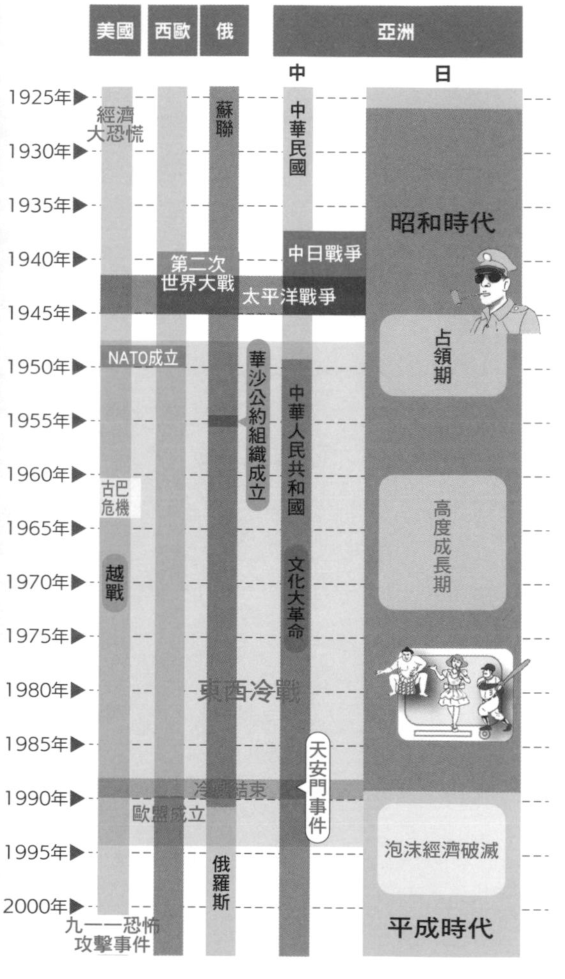

■戰爭改變一切

日本從大正到昭和時期，大眾文化蓬勃發展。瓦斯、水道普及化，更多人享受到收聽收音機、閱讀雜誌等樂趣。

然而，戰爭爆發導致生活劇變。不僅糧食不足，戰後還持續一段不便的生活。

■高度成長，成為經濟大國

不久後，日本在國際社會中復甦，於西元1960年代實現高度經濟成長。GDP僅次於美國，成為世界第二。

然而，公害和過勞等負面情況隨之而來，令人想起從前工業革命後的歐洲情況。

■泡沫經濟破裂，進入全新局面

西元1989年冷戰結束，日本也在這一年發生巨大變化。昭和天皇駕崩，進入平成時代，日本首次採行消費 制度。當時的日本憑藉泡沫經濟迅速發展，得到世界各國的讚揚，不久卻發生泡沫破裂，以往的氣勢不再。如今日本GDP降至世界第三，但依舊是引領世界的大國之一。西元2019年，日本改年號為令和，邁向新的發展階段。

《終章》——〈統整〉與〈年表〉全覽「綜觀」世界史

世界史的起源

目前我們已透過圖解回顧世界史的各種重要場景。最終章請一邊閱覽左頁年表，一邊綜觀世界各地同時發生的事。

人類約誕生於450萬年前的非洲，接著擴散至世界各地。文明逐漸高度化，人類沿著有助於農業生產的大河進行開墾，發展出大型文明，此即所謂的「四大古文明」。

完整國家的誕生

不過，各地的建國情況還是略有不同。埃及自古建立統一王朝，但印度直到西元前4世紀才形成完整國家。美索不達米亞地區曾一度統一，由漢摩拉比王建立古巴比倫第一王朝，但後來不斷發生多國戰爭。中國則在西元前16世紀左右出現完整國家，西元前8世紀開始長期戰亂。

四大古文明中的埃及和美索不達米亞區域合稱「近東」。這片土地在西元前7世紀出現統一全境的國家，特別是西元前4世紀建立了亞歷山大大帝國。

	北非	歐洲	西亞	南亞	東亞
	約 450 萬年前　人類誕生				
	約 1 萬年前　冰河時期結束				
約西元前 5000 年					約前 5000 年 仰韶文化繁榮
	約前 3000 年 埃及出現 統一王朝		約前 3000 年 美索不達米亞文 明繁榮		約前 3000 年 龍山文化繁榮
	約前 2500 年 古夫王 建造金字塔			約前 2300 年 古印度文明繁榮	
約西元前 2000 年		約前 2000 年 希臘出現 邁諾安文明			
			前 18 世紀中期 訂定《漢摩拉比 法典》		
		約前 16 世紀 希臘出現 邁錫尼文明		約前 1500 年 雅利安人入侵	約前 16 世紀 出現統一王朝
約西元前 1000 年			約前 1000 年 希伯來人 建立王國	約前 1000 年 雅利安人進入 恆河流域	約前 11 世紀 周朝成立
		約前 8 世紀 希臘城邦興盛			約前 770 年 春秋時代開始
	前 7 世紀前半 亞述人 統一近東		前 7 世紀前半 亞述人 統一近東		
					約前 551 年 孔子誕生
	約前 525 年 波斯帝國 統一近東		約前 525 年 波斯帝國 統一近東		
約西元前 500 年		**前 500 年　波希戰爭**		約前 500 年 佛教出現	
		前 431 年 伯羅奔尼撒戰爭			前 403 年 戰國時代開始
	前 334 年　亞歷山大展開東征				
	前 323 年　亞歷山大去世，帝國分裂				
約西元前 300 年				約前 317 年 孔雀王朝 統一印度	

條條大路通羅馬

本頁將聚焦在「古羅馬（帝國）」時代。

歐洲從很久以前，便以希臘為中心發展出繁榮的文明。西元前6世紀，古希臘的畢達哥拉斯就研究出「畢氏定理」。與此同時，羅馬流放了伊特拉斯坎人的國王，建立小型共和國。

後來，亞歷山大在希臘及近東地區建立大帝國，但隨後又分裂；羅馬則趁機慢慢累積實力，首先在布匿戰爭中擊敗北非的迦太基，獲得地中海霸權。

而後，羅馬在凱撒的崛起等事件下形成龐大的帝國。左頁年表以極簡單的形式統整幾百年的歷史，從中應該可以看出羅馬正在逐漸累積實力的痕跡，可謂「羅馬不是一天造成的」。

亞洲的漢朝興起

讓我們看看這個時期的其他區域吧！羅馬東方有帕提亞帝國，接著又出現薩珊王朝，持續對抗羅馬。

印度地區則出現孔雀王朝、貴霜王朝等，刻畫興衰更迭的歷史痕跡。然而，由於印度的土地遼闊，並未出現統一全境的國家。貴霜王朝興盛的時期，南方還有繁榮的百乘王朝。由此可知，不同的時機和地域條件，會誕生出不同的國家。

中國經過長期戰亂後，由秦朝統一天下。秦始皇死後，項羽和劉邦相爭，劉邦得勝並建立漢朝。漢朝雖中途斷絕，但仍延續了長達400年的繁榮盛世。

年代	北非	歐洲	西亞	南亞	東亞
西元前300年以前	前304年 埃及出現 托勒密王朝	約前509年 羅馬行共和制			戰國時代
西元前300年～西元前200年	前264年～ 第一次布匿戰爭 前218年～ 第二次布匿戰爭		約前248年 帕提亞帝國出現	約前268年 阿育王即位	前221年 秦朝統一中國
西元前200年～西元前100年	前149年～ 第三次布匿戰爭			約前180年 孔雀王朝滅亡	前202年 劉邦打敗項羽， 建立漢朝 前141年 漢武帝即位
西元前100年～西元前/西元後	前30年 托勒密王朝滅亡	前73年 斯巴達克斯起義 前60年 前三頭政治 前44年 凱撒遭暗殺 前27年 羅馬君主制 開始	前63年 敘利亞的 塞琉古帝國滅亡 地中海沿岸 受羅馬支配		
西元後～100年	羅馬支配 地中海沿岸	羅馬和平	約30年 耶穌遭處刑	約45年 貴霜王朝成立 約1世紀 南部百乘王朝 興盛	8年 新朝建國 25年 東漢建國
100年～200年				約130年 貴霜王朝的 迦膩色迦王即位	184年 黃巾之亂
200年以後			224年 薩珊王朝 滅帕提亞帝國		220年 東漢滅亡， 進入三國時代

羅馬和平結束

接下來，第二章將不再出現「西元前」的記事，「日本」也會出現在年表中。一起來看看世界與日本的歷史關係吧！

這個時期，原本繁榮的羅馬在統治上開始出現混亂。不久後，羅馬分裂為東西兩邊。日耳曼民族展開大遷徙，導致西羅馬帝國滅亡，歐洲出現許多日耳曼民族國家。

與此同時，日本以朝廷（天皇執政之處）為中心，邁向建國之路。

法蘭克王國與伊斯蘭勢力

日耳曼民族中的法蘭克王國逐漸強大，確立其在西方帝國的地位，與東羅馬帝國（拜占庭帝國）對抗。

西元7世紀出現的伊斯蘭勢力，於8世紀大幅擴張，是世界史中的大事件。伊斯蘭勢力打贏圖爾戰役，進攻歐洲的伊比利半島，並以中東為據點組建龐大的勢力。

中國方面，漢朝以後持續了一段動盪期，隋朝短暫統一後，由唐朝建立起龐大完整的國家，自此進入漫長的繁榮時代。

	中東等地	歐洲	中國	日本
	羅馬和平		184年 黃巾之亂	
200年	226年 薩珊王朝成立	235年 開始軍人皇帝時代 293年 戴克里先皇帝將羅馬一分為四	220年 東漢滅亡， 進入三國時代 265年 晉朝建國	239年 卑彌呼遣使魏國
300年	約4世紀 祆教成為 薩珊王朝的國教	313年 頒布《米蘭敕令》，承認基督教 395年 羅馬東西分裂 日耳曼人大遷徙	304年 五胡十六國時代 開始	
400年		476年　西羅馬帝國滅亡 481年　法蘭克王國成立	439年 南北朝時代 開始	478年 倭國武王遣使 宋朝
500年		527年 東羅馬帝國的 查士丁尼大帝即位 555年 東羅馬帝國 滅東哥德王國 568年 倫巴底王國建國	589年 隋朝統一中國	593年 聖德太子攝政
600年	630年 穆罕默德 征服麥加 661年 奧瑪雅王朝成立		618年 隋朝滅亡， 唐朝建國	630年 首位遣唐使 645年， 乙巳之變 （大化革新）
700年		714年　查理・馬特成為宮相		710年， 遷都平成
	732年　圖爾戰役			
	750年 阿拔斯王朝成立		755年 安史之亂	
	756年　後奧瑪雅王朝於伊比利半島成立			
		774年　法蘭克王國滅倫巴底王國		
800年		800年　查理曼加冕		749年 遷都平安

中世紀歐洲的繁榮

這個時期將著重在歐洲逐漸現代化一事，年表中會出現「英」、「法」等國家。

首先，法蘭克王國一分為三，形成後來的法蘭西、義大利與德意志（神聖羅馬帝國）。

此外，年表中有一個標示「收復失地運動」的長型箭頭，此即伊比利半島上的基督教國家為驅逐伊斯蘭勢力，展開收復國土的長期戰。收復失地運動持續800年左右，直到西元1492年，才成功將所有伊斯蘭勢力驅逐出伊比利半島。過程中，葡萄牙和西班牙建國。後來，歐洲以完成收復失地運動的這兩國為核心，進入大航海時代。因此，「美國」將從第三章開始出現在年表中。

蒙古旋風橫掃歐亞

此時，東亞發生了影響世界史的大事件。以成吉思汗為王的蒙古崛起，到了其兒孫的時代，蒙古從東亞擴張至中東、東歐，建立龐大的帝國。這是一個占據歐亞大陸大部分土地、空前絕後的大帝國。

不久後，蒙古帝國分裂成多個國家，中國由明朝取代元朝。

當時的日本長期處於以貴族為中心的社會，但武家政權（幕府）不久後開始掌握權力。源賴朝建鎌倉幕府、足利尊氏建室町幕府、德川家康建江戶幕府，進入以幕府為政治中心的時代。期間，日本與鄰近的中國發生衝突（蒙古襲來等事件），同時也進行合作貿易（明日貿易）。

年代	中東等地	歐洲	中國	日本
		843年 法蘭克王國一分為三		
		870年 法蘭克王國再分裂		
900年		收復失地運動（至1492年）		894年 廢除遣唐使
	909年 法提瑪王朝成立		907年 唐朝滅亡， 五代十國時代 開始	
		962年 神聖羅馬帝國成立		
		987年 西法蘭克（法蘭西） 成立卡佩王朝		
		1066年 英格蘭成立 諾曼第王朝		1086年 院政開始
	1096年　第一次十字軍東征	1096年　第一次十字軍東征		
1100年				
	1189年　第三次十字軍東征	1189年　第三次十字軍東征		
				1192年 源賴朝成為 征夷大將軍
1200年			1206年 成吉思汗即位	
		1241年　萊格尼察戰役	1241年　萊格尼察戰役	
	1258年 阿拔斯王朝滅亡， 伊兒汗國成立		1271年 元朝建國	
			1274年、1281年　蒙古襲來	1274年、1281年　蒙古襲來
	1299年 鄂圖曼帝國成立			
1300年				1338年 室町幕府成立
		1339年 英法百年戰爭開始		
	1370年 帖木兒帝國成立		1368年 明朝建國	
1400年			1404年　明日貿易開始	1404年　明日貿易開始
	1453年 鄂圖曼帝國 滅東羅馬帝國 （拜占庭帝國）			1467年 應仁之亂開始
		1492年 格拉納達淪陷		
1500年		1517年 馬丁・路德發表《九十五條論綱》， 宗教改革開始		
	1526年 蒙兀兒帝國成立	1562年 胡格諾戰爭		
		1571年 勒班陀戰役		1568年 織田信長入京
1600年				1603年 江戶幕府成立
		1618年 三十年戰爭	1616年 後金（清朝） 建國	

革命與改革的時代

此時的歐美各國發生革命，國家統治體制出現劇烈變化。

英國最先爆發市民革命。經歷清教徒革命和光榮革命後，形成以議會為主的民主政治制度。現在的英國仍存在君王，但原則上維持「君主是國家元首，但不治理國事」的形式。

西元18世紀，法國發生革命，君王遭處刑。後來拿破崙登場，並短暫掌控大範圍的歐洲大陸，但很快失勢。許多國家恢復舊體制。

美國則發生獨立戰爭，揭開美利堅合眾國的歷史序幕。

工業革命的衝擊

此外，還有另一起革命值得關注——「工業革命」。工業革命由最早經歷市民革命的英國擴大至歐美各國。歐美國家利用機械提升生產力與國力後，為了確保原料及市場，而急於獲取殖民地。

這段時期的日本處於江戶時代。雖未發生革命，但進行了幾項改革。

年代	美國	歐洲	中國	日本
	1620年 五月花號 抵達北美	1640年 英國爆發 清教徒革命 1643年 法蘭西的 路易十四即位	1644年 明朝滅亡， 進入清朝	1637年 島原之亂 （島原天草起義）
1650年		1685年 頒布《南特詔書》 1688年 英國爆發 光榮革命	1673年 三藩之亂 1689年 中俄簽訂 《尼布楚條約》	1685年 首次頒布 《生物憐憫令》
1700年	1702年 安妮女王戰爭	1701年 西班牙爆發 王位繼承戰爭 1733年 約翰・凱 發明飛梭 **1740年　奧地利王位繼承戰爭**	1727年 中俄簽訂 《恰克圖界約》	1716年 享保改革開始
1750年	1756年 英法北美戰爭 1776年 發表《獨立宣言》 1789年 華盛頓成為 首任總統	**1756年　七年戰爭** 1769年 瓦特發明蒸汽機 1789年 法國大革命開始 1793年 路易十六遭處刑	1757年 限制貿易 （廣州一口通商） 1796年 川楚教亂	1767年 田沼意次 成為近侍 1787年 寬政改革開始 1792年 俄羅斯的 拉克斯曼訪日
1800年	1804年 海地獨立 （南美自此紛紛 獨立）	1804年 拿破崙稱帝 1814年 拿破崙失敗，維也納會議開始	1810年 禁止進口鴉片	1809年 發現韃靼海峽

亞洲與非洲殖民地化

正如上一頁內容所述，歷經工業革命的歐美各國科技進步，使國家致富，軍事能力也大幅提升。以亞洲、非洲為首的其他國家無法與之競爭，接連成為殖民地。

甚至連亞洲大國的中國也不例外。當時出現以滿洲人為主的清帝國，但依然在鴉片戰爭、英法聯軍之役戰敗，成為半殖民化國家。

另一方面，日本也遭歐美各國侵略，被迫簽署不平等條約，但並未成為殖民地。不久後江戶幕府垮台，明治政府成立，日本邁向近代化、歐美化之路。後來日本對外引發中日甲午戰爭、日俄戰爭，併吞韓國以擴張領土。

第一次世界大戰爆發

歐美國家不斷爭奪殖民地，隨即陷入兩極化的對立局面。後來塞拉耶佛事件（奧地利皇位繼承人暗殺事件）成為導火線，引爆第一次世界大戰。

科技大幅進步的歐美國家，在戰爭期間使用戰車、戰鬥機等最新武器。戰況超乎預期，演變成長期戰。

最後戰爭落幕，但光是軍人就有超過800萬名犧牲者。各國在戰後成立國際聯盟，期望世界維持和平。

還有一件值得注意的事，俄羅斯發生革命，戰後成立蘇維埃社會主義共和國聯盟。世界上第一個社會主義國家誕生，對全球帶來巨大衝擊。

	美國	歐洲	中國	日本
1840年			**1840年　鴉片戰爭**	1841年 天保改革
	1848年 取得加利福尼亞，掀起淘金潮	1848年 法國二月革命		
			1851年 太平天國之亂	
				1854年 簽訂《日美親善條約》
			1856年　英法聯軍之役	
		1858年 英國直接統治印度		
1860年	1861年 南北戰爭	1861年 義大利王國成立		
		1866年 普奧戰爭		1868年 明治維新
	1869年 第一條橫貫大陸鐵路開通	1870年 普法戰爭		
		1871年 德意志帝國成立		1877年 西南戰爭
1880年	1879年 愛迪生發明電燈	1882年 德奧義三國同盟		
			1884年　中法戰爭	
		1894年 法俄同盟	**1894年　中日甲午戰爭**	
	1898年 美西戰爭			
1900年			1900年 義和團之亂	
		1902年 英日同盟		1902年 組成英日同盟
		1904年 簽訂《英法協約》 **1904年　日俄戰爭**		**1904年 日俄戰爭**
		1907年 簽訂《英俄條約》		
	1910年 墨西哥革命			1910年 併吞韓國
			1911年 辛亥革命	
	1914年　第一次世界大戰開始			
			1915年　《二十一條要求》	
		1917年 俄羅斯革命		
	1919年　簽訂《凡爾賽條約》		**1919年　五四運動**	
1920年	**1920年　國際聯盟成立**			
	1921年 華盛頓會議	1922年 蘇聯成立	1921年 中國共產黨成立	1923年 關東大地震

第二次世界大戰爆發

西元1929年美國股價大跌，經濟不景氣的浪潮瞬間席捲全球，此即經濟大恐慌。許多國家失業者增加、社會動盪。在不景氣的背景之下，德國和義大利興起法西斯主義，吸引民眾支持，軍事活動頻繁。

日本也強化了軍隊實力，在中國東北引發九一八事變。事件很快擴大，導致西元1937年中日戰爭爆發。

歐洲方面，德國侵略波蘭，引爆第二次世界大戰。以德義日為主的軸心國，以及英法美為主的同盟國不斷對抗。

戰後走向國際協調的時代

後來，戰線因日本引發珍珠港事件而擴大。軸心國走向戰敗趨勢。西元1945年日本無條件投降，第二次世界大戰才宣告落幕。

戰後，德、日受盟軍管制，其後德國分裂為東西德，日本則收復沖繩以外的領土主權。

另一方面，許多國家完成了獨立建國。各國組成聯合國，展開國際協調。

	美國	歐洲	亞洲	日本
	1929年　經濟大恐慌			
1930年			**1931年　九一八事變**	
			1932年 一二八事變	1932年 五一五事件
	1933年 羅斯福新政開始	1933年 納粹政權成立		
1935年		1935年 義大利 侵略衣索比亞		
		1936年 西班牙內戰		1936年 二二六事件
		1937年 德義日簽訂 《反共產國際協定》	**1937年　中日戰爭**	
			1937年 第二次國共合作	1938年 頒布 《國家總動員法》
	1939年　第二次世界大戰			
1940年		1940年 法國對德國投降	1940年 南京政府成立	1940年 德義日三國同盟 1941年 簽訂《蘇日中立條約》
	1941年　太平洋戰爭			
				1942年 中途島戰役
		1943年 義大利投降 1944年 諾曼第登陸 1945年 雅爾達會議、柏林淪陷		1945年 廣島與長崎被 投下原子彈
1945年	**1945年　舊金山會議／聯合國成立**			
			1946年 菲律賓獨立 1947年 印度、巴基斯坦 獨立	1946年 頒布 《日本國憲法》
	1947年　馬歇爾計畫			
			1948年 緬甸、斯里蘭卡、 南韓、北韓獨立 （成立）	
1950年	1949年 北大西洋公約 組織成立	1949年 經濟互助委員會 成立 1949年 東西德成立	1949年 中華人民共和國、 中華民國成立	

冷戰時代延續

第二次世界大戰過後，世界走向全新局面，「冷戰」是代表性事件。

以歐美為主體的西方國家（資本主義），以及蘇聯和東歐為主體的東方國家（社會主義），在各方面衝突不斷，如：太空競賽。若競賽成果僅限於和平用途，或許問題不大，但危險的對立情況甚至可能引發核戰，如：古巴危機。

順帶一提，這時的日本屬於西方陣營。

冷戰期間，西方陣營抵制蘇聯主辦的莫斯科奧運，東歐集團也抵制美國舉行的洛杉磯奧運。政治局勢最終對和平的慶典帶來不好的影響。

後來，蘇聯的戈巴契夫就任總書記，緊張關係逐漸緩和，並於西元１９８９年發表結束冷戰的宣言。

追求和平社會

冷戰結束超過30年，世界並未處於完全和平的狀態。戰爭、恐怖攻擊、國際衝突仍在持續發生。

冷戰結束前後到21世紀期間，科學技術進步，尤其資訊科技領域有飛躍性的發展。我們與世界更靠近，一般人民可以收集來自世界各地的資訊，也可以傳遞訊息至世界各地。

但另一方面，全球暖化等環境問題愈來愈嚴重，新冠肺炎等疾病的防疫對策也成為全人類的共同課題。人的行動、經濟發展也愈來愈國際化，世界各國應在國際協調的名義下團結合作以面對困難。

年代	美國	歐洲	亞洲、非洲	日本
	1954年 比基尼環礁試爆	1951年 歐洲煤鋼共同體締約	1950年 韓戰	1951年 簽訂《舊金山和平條約》
1955年		1957年 蘇聯發射人造衛星 1957年 歐洲經濟共同體締約	1955年 萬隆會議	
1960年		1961年 蘇聯完成載人太空航行 1961年 建造柏林圍牆	約1960年 非洲相繼獨立	1960年 修改《美日安保條約》
	1962年　古巴危機	**1962年　古巴危機**		
	1963年 向華盛頓進軍 1964年 《民權法案》成立			1964年 舉行東京奧運
1965年	1969年 阿波羅登月	1967年　歐洲共同體成立	1965年 越南戰爭、滾雷行動 1966年 中國文化大革命	
1970年				1972年 沖繩返還
	1973年　石油危機	**1973年　石油危機**	**1973年　石油危機**	**1973年　石油危機**
	1979年　《第二階段戰略武器限制談判》（SALT II）	**1979年　《第二階段戰略武器限制談判》（SALT II）**	**1978年　簽署《中日和平友好條約》**	**1978年　簽署《中日和平友好條約》**
1980年	**1989年　冷戰結束宣言**	**1989年　冷戰結束宣言** 1989年 柏林圍牆倒塌	1989年 天安門事件	
	1991年 波斯灣戰爭	1991年 蘇聯解體 1993年　歐盟成立 1999年　發行歐元	1997年 香港返還	1995年 阪神淡路大地震
2000年	2001年 九一一恐怖攻擊事件	2015年 第21屆氣候變化大會簽訂《巴黎協定》		2011年 東日本大地震
2020年	**2020年　新冠肺炎造成全球大流行**	**2020年　新冠肺炎造成全球大流行**	**2020年　新冠肺炎造成全球大流行**	**2020年　新冠肺炎造成全球大流行**
				2021年 舉行東京奧運

◉……後記

輕鬆閱讀，開心遊歷「世界史」！

我年輕時曾走訪世界各地，除了南極大陸之外，幾乎去所有大陸旅行過。但回頭一看，才發現自己並未深入瞭解旅行過的國家起源和歷史，我對此深切反省。既然如此，那不如趁繪製本書的工作期間，重新以歷史的角度來遊歷世界，於是我**懷著興奮的心情進行作畫**。

雖然能順利畫出知名歷史事件或自己感興趣的內容，但也因為自身的知識不足，有很多歷史事件被我忽略了，所以我向福田作者索取相關資料，費盡千辛萬苦繪製插圖。畫到愈後期，我愈是深刻瞭解到世界史就是一連串的事件。我覺得繪製不同歷史人物的過程非常有趣。

只不過，描繪歷史人物的表情時，必須充分考量相關歷史背景或事件才能精準呈現，福田先生提供了許多建議，我在作畫過程中不斷反覆修改。所以我很自豪自己能完成栩栩如生的歷史人物。我們**將複雜的世界史精簡統整，製作了一本樂趣無窮的圖文書**。

我與福田作者共同製作的《日本史 見るだけブック》（辰巳出版），是本書的日本史版本，目前大受好評。本書《從零開始學習世界史：2小時讀懂的插畫圖解》也是一本歷史入門書，我由衷希望收到本書的各位都能**讀得愉快**。

塩浦信太郎

【作者】
福田智弘
1965年埼玉縣出生。1989年東京都立大學人文學部畢業。
曾任編輯、設計總監，現為積極從事寫作的作家，以國內外歷史、古典文學相關領域為主。
著有暢銷書《世界史もわかる日本史》、《裏も表もわかる日本史［江戸時代編］》、《古代史 闇に隠された15の「謎」を解く》（實業之日本社）、《日本史 見るだけブック》、《「川柳」と「浮世絵」で読み解く よくわかる！江戸時代の暮らし》（辰巳出版）、《ビジネスに使える「文学の言葉」》（DIAMOND社）等多本著作。
此外，擔任NHK電視動畫的暢銷漫畫《喵的咧～貓咪戲說日本史！》監修者，與原著漫畫家そにしけんじ攜手合作，並在關西晚間人氣資訊節目《Be-Bop! High Heel》（朝日放送）的歷史單元中擔任評論員。

【繪者】
塩浦信太郎
1954年群馬縣出生。插畫家，機關人偶設計師。中央美術學院畢業後，曾遊歷海內外，除了投入動畫製作外，也出版各種以圖解為主的書籍。同時是一名機關人偶設計師，將機關人偶作品出借給美術館、博物館、科學館，承接飯店業的作品製作案件，也在百貨公司各分館展示及銷售作品。長期負責繪製小學館《兒童百科》（兒童取向的圖鑑）系列的內封面或書衣封面。
主要著作有《日本史 見るだけブック》（辰巳出版）、《手塚治虫の「火の鳥」と読む 137億年 宇宙・地球・生命の謎》（實業之日本社）、《まんがでわかる！からだのしくみ・病気のメカニズム》（日東書院本社）等。

從零開始學習世界史—2小時讀懂的插畫圖解

出　　版／楓樹林出版事業有限公司
地　　址／新北市板橋區信義路163巷3號10樓
郵政劃撥／19907596 楓書坊文化出版社
網　　址／www.maplebook.com.tw
電　　話／02-2957-6096
傳　　真／02-2957-6435
作　　者／福田智弘
繪　　圖／塩浦信太郎
翻　　譯／林芷柔
責任編輯／邱凱蓉
內文排版／洪浩剛
港澳經銷／泛華發行代理有限公司
定　　價／360元
初版日期／2023年6月

國家圖書館出版品預行編目資料

從零開始學習世界史：2小時讀懂的插畫圖解 / 福田智弘作，塩浦信太郎繪圖; 林芷柔譯. -- 初版. -- 新北市：楓樹林出版事業有限公司, 2023.06　面；　公分

ISBN 978-626-7218-75-4（平裝）

1. 世界史　2. 文明史　3. 漫畫

711　　112006955